Joachim Sdunek

Meine Zeit im geteilten Deutschland bei voller Beleuchtung

Joachim Sdunek

Meine Zeit im geteilten Deutschland bei voller Beleuchtung

Ein ostdeutscher Junge erzählt

2., erweiterte und überarbeitete Auflage 2021

edition fischer

Bibliografische Information der Deutschen Nationalbibliothek:
Die Deutsche Nationalbibliothek verzeichnet diese Publikation in der Deutschen Nationalbibliografie; detaillierte bibliografische Daten sind im Internet über http://dnb.dnb.de abrufbar.

2., erweiterte und überarbeitete Auflage 2021

Orber Str. 30, D-60386 Frankfurt/Main

Titelbild: © vlntn – fotolia.com
Schriftart: Palatino 11 pt
Herstellung: ef/bf/1A
ISBN 978-3-86455-209-0

Inhalt

Vorwort

Nachdem jetzt mehr als 30 Jahre ins Land gegangen sind und sich noch immer kein Arbeiter gemeldet hat, wird es Zeit.

Es fällt auf, dass sich viele berufen fühlen, über die Zeit der DDR zu schreiben.

Die Zurückhaltung der arbeitenden Menschen in der ehemaligen DDR ist sehr groß, obwohl es einiger Richtigstellungen bedarf. Wenn fast ausschließlich westdeutsche Journalisten über diese Zeit schreiben, entsteht ein falsches Bild. Es gibt die Menschen, die in der DDR gelebt haben und die Menschen, die über sie schreiben.

Heute reden viele über den Wettlauf zwischen der BRD und der DDR um gleiche Lebensverhältnisse und darüber, dass dieser Wettlauf für die DDR von vornherein verloren gehen musste.

Bei diesem Wettlauf sollte man schon dabei gewesen sein, um sich wirklich ein Urteil bilden zu können.

Die ganzen Widrigkeiten, die gemeistert wurden, die schönen Erlebnisse und guten Leistungen haben den Kahn immerhin 40 Jahre über Wasser gehalten. Dieser Kahn war nicht ständig am Absaufen, er hatte lange Zeit gute Fahrt.

Es war allen klar, dass der technologische Vorsprung des Westens durch viel Engagement und manuelle Arbeit ausgeglichen werden musste. Das war natürlich oft sehr aufwendig. Was ist schon aufwendig und schwer, wenn die eigene Arbeit immer wieder geschafft wird.

Die Arbeit im real existierenden Sozialismus der DDR war nichts anderes, als das Fortführen des kapitalistischen Weges unter ganz realen Zwängen im kulturellen Sinne. Die Arbeitskraft wurde nach wie vor verkauft. Im politischen Sinn erfüllte die Arbeit alle sozialen Aspekte. Jeder konnte seine Selbstbestätigung erfahren. Es war Platz für Erfolgsgefühle, Selbstwertgefühl, Gemeinschaftsgefühl und Zukunftsdenken. Allem, was Arbeitslosigkeit mit Menschen macht, fehlte der Boden. Es konnte nicht jeder werden, was er wollte und so mancher sozialistische Traum scheiterte an der Realität. Komponenten einer wirklich neuen Ökonomie blieben im Ansatz stecken. Der Durchbruch konnte leider nicht gelingen, weil die Bürger der DDR eine noch viel größere Arbeit zu leisten hatten. Sie mussten den Kriegsgewinner Sowjetunion zufriedenstellen.

Die nordamerikanischen Indianer sind auf Feuerwasser und bunte Glasperlen hereingefallen. Der DDR-Bürger wurde zudem noch verkauft und verraten.

Der real existierende Sozialismus in der DDR hatte mit dem theoretischen Entwurf des Gesellschaftsmodels von Karl Marx nicht viel, eher weniger zu tun.

Nach dem Jahr 1989 war es auch dem letzten DDR-Bürger klar, dass der Himmel im Westen nicht blauer ist und die Sonne auch nicht heller scheint. Er musste erstmalig um seine Existenz kämpfen und sich neu orientieren.

Meine Zeit im geteilten Deutschland bei voller Beleuchtung

Als meine Mutter sich sicher war, mit mir schwanger zu sein, öffnete sie eine Flasche Wein, nahm einen Hocker, stieg auf einen Tisch und sprang hinunter. Diesen Vorgang wiederholte sie, bis die Flasche Wein leer war.

Ich habe meine Mutter Zeit ihres Lebens nie mehr angetrunken erlebt.

Der Versuch mich auf diese Weise loszuwerden, hing im Wesentlichen damit zusammen, dass die Geburt meiner Schwester nur wenige Monate zurück lag. Sie war am 28. August 1951 geboren und ich kam am 28. November 1952 auf diese Welt.

Unsere gesamte Familie hat ihre Wurzeln in Vorpommern. Das Dorf Lassan und die Kleinstadt Gatzkow waren das Zentrum dieser kleinen Welt.

Nach meiner Geburt musste ich noch bis zum 24. Februar 1953 warten, bis mein Cousin geboren wurde. Der Familienfeier zur Doppeltaufe stand nun nichts mehr im Wege. Nach den Erzählungen meiner Mutter war ich bei dieser Tauffeier noch einmal kurz in Lebensgefahr. Die Täuflinge waren in einer Kammer vor einem Fenster abgelegt worden. Mit fortschreitender Feier musste mehr Luft in die Räumlichkeiten. Beim Öffnen des Fensters hinter uns Täuflingen hätte sich mein Vater beinahe auf mir abgestützt. Mein Vater konnte sich immer auf mich verlassen. In diesem Moment wäre es aber noch zu früh gewesen.

Einzeltaufen gab es zuvor und danach bei allen meinen Cousins und Cousinen.

Die frühen Jahre unserer Kindheit verbrachten wir in Lassan. Es war das Dorf unserer Kindheit, weil wir dort auch später unsere Ferien verbrachten.

Dorfleben ist Landwirtschaft. Ich kam sehr schnell dahinter, wie man sich einen Groschen oder gar eine Mark verdienen konnte. Meine Tante Hilde honorierte das Stallausmisten öfter mit einer kleinen Geldzuwendung. Pferdestall, Kuhstall brachten nicht so viel wie Hühner- oder Schafstall. Wer einmal einen Hühnerstall ausgemistet hat, weiß warum.

Mein Onkel Hermann arbeitete bei den Kühen. Es war nicht nur das Melken, er hütete sie auch auf der Weide. Ich ging gerne mit, weil er eine schwarze Stute namens Rösi bei sich führte.

Ich erinnere mich an einen herrlichen Sommertag. Mein Onkel legte sich ins Gras, schob den Hut vor die Augen und kaute auf Grashalmen, bis er einschlief.

Ich konnte mich dann an dem Pferd und den Kühen ausprobieren. Der Knoten des Pferdesattels fügte mir beim Reiten einige Schmerzen zu.

Ich konnte als Kind unbeschwert meinem Übermut Zucker geben. Das Kutschieren von Pferdegespannen machte mir genauso viel Spaß wie das Fahren eines Herrenfahrrads. Auf Grund meiner Körpergröße musste ich mit meinen Beinen unter die Stange des Fahrrades. Es klappte wunderbar.

Ich wuchs heran und meine Wünsche, mir das eine oder andere zu leisten auch. Der Tag, als ich 14 Jahre alt wurde, war für mich sehr wichtig. Mit 14 Jahren konnte man Ferienarbeit machen und ein gutes Taschengeld verdienen.

Ich arbeitete als Zimmermädchen im Hotel »Warnow« oder auch im Straßenbau. Meine erste Ferienarbeit allerdings war in Lassan bei der Getreideernte. Ich schaufelte Getreide von Traktorenanhängern in ein Gebläse, welches das Korn auf den Kornboden förderte. Die Anzahl der Hänger nahm kein Ende, die Sonne brannte gnadenlos und ich bekam Blasen an den Händen. Mein Onkel Karl war LPG-Vorsitzender und wollte nachsehen, wie sich sein Neffe so machte. In dem Moment, als er neben dem Hänger stand und mir zuschaute, platzten die Blasen an meinen Händen. Der Staub und die Feuchtigkeit in meinen Händen verursachten große Schmerzen. Ich biss die Zähne zusammen und schaufelte weiter.

Es war für mich unmöglich aufzugeben, denn ich war mittlerweile ein Stadtkind geworden.

Der Weg meines Vaters führte ihn aus der Schreibstube der Bürgermeisterei von Gatzkow erst nach Greifswald und dann nach Rostock.

Mein Vater schlug nach dem Zweiten Weltkrieg eine politische Laufbahn ein. Er wurde in Rostock politischer Mitarbeiter der Bezirksleitung der SED. Das hatte nicht zur Folge, dass es uns finanziell besser ging als anderen.

Nachdem unsere Familie teilweise abenteuerliche Wohnbedingungen hatte, bezogen wir eine Zweieinhalbzimmerwohnung im Stadtteil Reutershagen. Meine Eltern und wir, mittlerweile drei Kinder, kamen damit gut zurecht. Ich hatte also eine große Schwester und eine kleine Schwester.

Meine Einschulung war kurz zuvor in einer reinen Jungenschule, der Borwinschule.

Die erste Lehrerin, Fräulein Schwaan, warf mir Kreide, einen Schwamm und auch einen Schlüsselbund hinterher. Es war gut, dass ich nach Reutershagen in die Türmchenschule umgeschult wurde. Da es zu der Zeit viele Kinder gab, waren die ersten Klassen eingeteilt in 1a, 1b und 1c. Das Lernen nahm ich zu Beginn nicht sonderlich ernst. Meine Schwester, die ein Jahr weiter war als ich, bekam eine Brille. Dieser Umstand war damit verbunden, Augentropfen zu bekommen. Die Teilnahme am Unterricht war also eingeschränkt.

Ich wollte auch eine Brille. Um an dieses Ziel zu kommen, las ich beim Augenarzt einiges falsch, so wie meine Schwester.

Die Augentropfen und die Brille verschafften mir ein wenig Freizeit im Unterricht. Vielleicht war es aber noch wichtiger, aus der Reihe zu tanzen.

Irgendwann merkt jeder Schüler, dass es ohne lernen nicht geht. Es stellte sich also ein Mindestmaß an Fleiß ein. Ich hatte Erfolge und Misserfolge, war nie ein Egoist und kam mit meinen Mitschülern sehr gut aus. Es entwickelten sich Kinder- und Jugendfreundschaften.

Wir gingen jeden Tag zu Fuß zur Schule, egal wie lang der Weg auch war. Es gab Frühschicht und Spätschicht. Die Anzahl der Schulen reichte noch nicht für alle Kinder. Der Heimweg im Winter war dann schon mal im Dunkeln. Ich besuchte in Reutershagen die 25., die 27., die 28. und 30. Polytechnische Oberschule. Ich siedelte mich zwischen den Zensuren 3 und 2 an. Manchmal habe ich heute das Bedürfnis, mich bei den Lehrern für meine Albernheiten zu entschuldigen.

Wichtiger als die Schule nahmen wir unsere Freizeit. Der Sportunterricht in der Schule konnte unseren Bewegungsdrang nicht befriedigen. Wir spielten und tobten, im Sommer wie im Winter bis zum Dunkelwerden.

Auf unserem Hof war eine Schaukel, die nicht für Überschläge konstruiert und gedacht war. Wir schafften es.

Eine Besonderheit im Stadtteil Reutershagen waren die »Reutershäger Füchse«. Es gab einen jungen Mann namens Ingo Ruepp, der sich der Aufgabe verschrieb, die Straßenjungen zum Fußballspielen in einer ganz besonderen Form zu bewegen. Er schaffte es, einen regelrechten Spielbetrieb zwischen Straßen- und Hofmannschaften aufzubauen. Manche Mannschaften organisierten sich nach ihrer Straße und andere nach den Hinterhöfen. Es gab logischerweise weder einheitliche Kleidung noch Schuhwerk. Man kannte sich, man wusste, wer zu seiner Mannschaft gehörte. Dieser Spielbetrieb lief bestimmt drei Jahre. Der Name »Reutershäger Füchse« war dem Journalisten Liebenberg zu verdanken. Er brachte die Spielergebnisse und Torschützen des Wochenendes in die regionale Tageszeitung. Es macht stolz, wenn man seinen Namen in der Zeitung lesen kann.

Viele der Jungs gingen dann in die bekannten Fußballclubs der Stadt. Ich ging zum FC Hansa Rostock. Es war ein kurzes Gastspiel. Mein Freund Berndt, der bei der BSG FIKO spielte, berichtete mir, dass es immer ein Mittagessen gab, wenn sie auswärts spielten. Meine Entscheidung stand fest, ich gehe zu FIKO. Es war die Betriebssportgemeinschaft des Fischkombinates Rostock. In dieser BSG wurden auch international bekannte Radsportler gefördert. Rostock hatte starke Sportclubs, Rostock war eine Sportstadt.

Mein Schulfreund Rainer schaffte es von den »Reutershäger Füchsen« mit dem FC Hansa bis in die Juniorenoberliga der DDR und zum DDR-Meister, bevor er dann zur See fuhr.

Rainers Mutter war alleinstehend und konnte ihren vier Kindern auch nicht jeden Wunsch erfüllen. Rainer war der jüngste in der Riege.

Unsere Mütter hatten in einem Winter nur die günstigen Kohlen bzw. Briketts bestellt. Der Winter dauerte aber leider länger als geplant. Rainer und ich mussten dann mit einem Handwagen vier Sack Kohlen von einem Kohlenhof holen. Es hatte geregnet, der Regen war wieder gefroren, die Fahrt wurde zum Abenteuer.

Wir Kinder waren in die Aufgaben, die wir leisten konnten, in der Familie eingebunden.

In meinem Stadtteil war ich bekannt als fleißiger Altstoffsammler. Die DDR hatte ein tolles System, um Altstoffe wieder in den Kreislauf der Wirtschaft zurückzuführen. Man nannte es SERO. Das bedeutet »Sekundärrohstoffe«.

Mit diesem System konnte man sich auch wieder ein gutes Taschengeld verdienen. Flaschen, Gläser, Altpapier und Lumpen. Ich wusste über die Zeit ganz genau, wer viel trank. Das waren für mich gute Kunden. Wenn ich Lumpen nach Hause brachte, kontrollierte meine Mutter, ob Stricksachen dabei waren. Diese wurden aufgetrennt, gewaschen und wieder zu Pullovern verarbeitet. Wenn ich daran denke, tun mir meine vorgestreckten Arme, an denen die Wolle aufgewickelt wurde, heute noch weh,. Ich hatte nie einen einfarbigen Pullover. Meine Pullover bestanden immer aus Resten.

Mit meinen Nebentätigkeiten konnte ich allerdings nie das Geld für ein Fahrrad erwirtschaften. Ich vergoss viele Tränen, bis meine Mutter meinen Vater dazu bewegte, sein Fahrrad aus irgendeinem Dorf wieder nach Hause zu holen. Mein Vater war bei der Gründungsbewegung der LPG's im Auftrag seiner Partei unterwegs und hatte sein Rad irgendwo stehen lassen. Das Rad kam tatsächlich in Einzelteilen bei uns an. Die Teile passten allerdings nicht so recht zusammen. In unserer Hausgemeinschaft wohnte ein Mann, der das mitbekam. Er schenkte mir seinen kaputten Hühnerschreck, man sagte auch Hackenwärmer. Das war ein fahrradähnliches Gefährt mit Motor. Aus allem baute ich mir mein erstes Fahrrad. Durch die Vollballonreifen vom Hühnerschreck waren Treppen und Kantsteine kein Problem. Mir fuhr jedenfalls keiner hinterher.

Mein erstes richtiges Fahrrad kaufte ich einem Jungen aus der Nachbarschaft mit meinem Jugendweihegeld ab. Er bekam von seinen Eltern ein neues Fahrrad.

Die Jugendweihen und Konfirmationen waren gleichzeitig große Familienfeiern. In unserer Familie wurde gern gefeiert und gesungen. Die Geburtsjahrgänge der Cousins und Cousinen sorgten für eine gewisse Kontinuität an Feierlichkeiten. Hinzu kamen natürlich noch andere wichtige Anlässe.

Das Erwachsenwerden kam nach dieser Zeit mit relativ großen Schritten. Vieles geschah gleichzeitig. Neue Interessen, neue Freunde und viele Einflüsse von überall her.

Mein Freund Berndt begann Gitarre zu spielen. Er konnte dann schon einen kleinen Chor begleiten, in dem ich mitsang.

Seine Eltern erlaubten, dass wir uns einen Partykeller einrichteten. Wir hörten Musik von einem Tonband »Smaragd«, sangen und spielten vieles nach. Es gab ja nicht nur uns, die dieser Welle des Beats folgten. Man lernte viele andere Jungs und Mädels kennen.

Es war schon nicht einfach, eine Gitarre zu haben, auf der man üben und spielen konnte. Die erste Wandergitarre, die ich hatte, kostete 35 Mark. Sie wurde zur Elektrogitarre, indem ich einen Tonabnehmer einbaute und mit der Endstufe unseres Radios verband.

Die Ansprüche an Instrumente und Technik wurden immer größer. Wir tauschten uns mit anderen aus und liehen uns auch manchmal Dinge aus. Die meisten Jungs, die wir kannten, waren keine Musikschüler, es waren fast alles Autodidakten, die voneinander lernten.

Es fanden sich schnell Leute, die eine Band gründeten. Man konnte im Sommer im Freien üben. Das hatte zur Folge, dass man von den Anwohnern verscheucht wurde.

In unserem Fall half der Vater von Richard. Er arbeitete in einem Großbetrieb und besorgte uns einen Probenraum. Über die FDJ-Leitung dieses Betriebes liehen wir uns auch später Verstärker und Mikrofone aus. So und ähnlich lief es bei anderen auch. Es gab Einzelfälle, die es in die Musikszene der DDR schafften. Das natürlich mit richtiger Musikausbildung und der nötigen Unterstützung.

Wir kamen mit unseren Künsten über einen Auftritt in einem Jugendclub, Brigadefeiern und Dorffeste nicht hinaus. Richard besorgte uns einen Auftritt in Mönchgut, einem Dorf bei Rostock. Unser Bühnenbild war großartig. Wir hatten zwei Tonsäulen, die jeweils aus fünf übereinander geschraubten Radios bestanden und mit blauem Fahnenstoff verkleidet wurden. Drei Notenständer waren auf der Bühne, obwohl keiner Noten lesen konnte. Weiterhin standen dort fünf Mikrofonständer, in denen zwei Mikrofone steckten, die gut funktionierten. In die anderen hatten wir rote PVC-Rohre mit Kristallmikrofonen gesteckt, die eigentlich nicht viel brachten. Es war wichtig, dass irgendwie ein Kabel auf die Bühne fiel. Für unsere Pauke schlugen wir einen 2 Zoll-Nagel in die Bühnenbretter, damit sie nicht weg sprang. Unser Schlagzeuger, Henning, saß auf einem Barhocker, weil die Pauke eine große Marschpauke war. Der Klang der Pauke war musiktechnisch völlig in Ordnung. Es standen geliehene Verstärker »Regent 60«, selbstgebaute Verstärker, Mischverstärker und Verzerrer auf der Bühne. Ein Lötkolben, Transistoren und Dioden waren bei Schäden immer einsatzbereit. Jeder von uns gab sich Mühe, gut gekleidet zu sein. Je nach Mode waren Schlaghosen angesagt oder enge Hochwasserhosen mit bunten Socken. Ich weiß von einer Rostocker Band, die einheitlich in Zimmermannshosen auftrat. Sie machten sich Schweißdraht in den unteren Hosensaum, damit die Glocken richtig zur Geltung kamen.

Der Tanzabend in Mönchgut war jedenfalls gut gelungen. Gegen Mitternacht gab es eine Saalschlägerei und der Clubchef bat uns weiter- und durchzuspielen. Wir hatten Zeit. Unser Zug fuhr erst morgens um 6.00 Uhr.

Es war eine tolle Zeit, die bis nach der Berufsausbildung andauerte.

Das Ende der Schulzeit und der Beginn der Lehrzeit waren prägende Ereignisse.

Ich ging zehn Jahre zur Schule und begann eine Lehre als Schiffselektriker beim VEB Fischkombinat Rostock.

Bevor ich dieses Ziel ansteuerte, hatte ich noch die kühne Idee, nur acht Jahre zur Schule zu gehen, Koch zu lernen und in der Hochseefischerei zur See zu fahren.

Ich hatte einen Onkel Siegfried mütterlicherseits, der dort zur See fuhr. Er war im Krieg bei der Luftwaffe als Funker. Als Funker fuhr er dann auch zur See. Wenn er bei uns zu Besuch weilte, war der Tisch reich gedeckt mit Dingen, die er mitbrachte. Ich wollte so schnell wie möglich auch in eine solche Situation kommen.

Mir war da noch nicht klar, dass es das nicht geschenkt gab.

Die letzte Hürde, um in der Hochseefischerei zur See zu fahren, war also meine Ausbildung zum Schiffselektriker.

Wir hatten sehr gute Lehrer und Ausbilder, die so manchen Streich, den wir uns erlaubten, nicht verdient hatten. Wenn ich meinte, mal einen Tag zu fehlen, schrieb mein Freund Erhard auf Blaupapier für mich mit und ich tat es für ihn.

Nach und nach schlich sich aber fast automatisch die Ernsthaftigkeit des Arbeitslebens ein. Im zweiten Lehrjahr arbeiteten wir mit gestandenen Facharbeitern im Schiffsneubau und in der Schiffsreparatur zusammen. Das schmeckte schon nach richtiger Arbeit und die Zeit, tatsächlich auf eigenen Beinen zu stehen, kam immer näher.

Es kam der Tag der medizinischen Untersuchung zur Seetauglichkeit. Bei der Urinprobe konnte ich nicht. Erhard gab mir von seinem Urin etwas ab und wir waren beide seetauglich.

Ich musterte auf dem Transport- und Verarbeitungsschiff »Junge Garde« an. Es war ein Fabrikschiff. Das Fischkombinat hatte zwei Schiffe dieser Art. Es waren die größten Schiffe, die je in Deutschland in der Fischerei unterwegs waren.

Die »Junge Garde« wurde drei Jahre bevor ich anmusterte in einer dramatischen Rettungsaktion im Nordatlantik mit Hilfe anderer Schiffe unserer Flotte aus dem Packeis befreit[1].

Ich hatte die Ehre mit Menschen zusammen zu arbeiten, die maßgeblich an dieser Rettung beteiligt waren. Diese Leute machten aus mir einen brauchbaren Schiffselektriker.

Wir waren nicht nur für die Elektrik zuständig. Wenn die

1 Dietrich Striebel, Wulf-Heinrich Hahlbeck; Hiev up – So war die Hochseefischerei der DDR, Koehlers Verlagsgesellschaft mbH Hamburg

Fischerei es erforderte, wurde mit Mann und Maus im Fisch gearbeitet. Wir machten Umschlag auf See und gaben unsere Ware an Transportschiffe ab. Die Reisezeit lag bei 120 Tagen auf See. Neben der Arbeit lernte ich die Naturgewalt des Meeres und die Schönheit der Natur kennen.

Schnell wurde mir klar, dass das gute Geld nicht geschenkt war. Diese Tatsache hinderte mich allerdings nicht, mein Geld an Land mit beiden Händen wieder auszugeben.

Das erste, was ich kaufte, war ein super Damensportfahrrad für meine kleine Schwester.

Bevor ich zu meiner zweiten Seereise startete, war ich mit Routinearbeiten beschäftigt. Ich erwartete einen neuen Kollegen auf meiner Kammer und schaute hin und wieder nach, ob er schon da sei. Zunächst stand erst einmal ein Koffer in unserer Kammer, mit dem Namensschild »Kurt Schubert«. Als ich mittags Feierabend machte, saß der dazugehörige Mann auf meiner Couch. Ich sprach ihn sofort mit seinem Vornamen »Kurt« an und machte ihm Mut, denn es war seine erste Seereise. Er kam aus Merseburg und hatte bis dahin in den Leuna-Werken als Elektriker gearbeitet. Seine junge Ehe und sein Fernstudium waren gerade gescheitert und er sucht einen Neuanfang auf See. Unsere Reise dauerte bereits etwa 50 Tage, wir saßen uns gegenüber und tranken Glühwein vom »Erlauer Burgunder«, das Schiff wiegte sich in einer leichten Dünung und draußen war ein Schneesturm im Gange. Kurt schaute mich plötzlich mit festem Blick an und gestand: »Ich heiße Horst, das ist der Koffer meines Vaters.«

Im Jahr 1968 hatte ich beim Zelten in Ecktannen-Waren Müritz meinen Freund Manfred aus Halle kennengelernt.

Diese Freundschaft sorgte dafür, dass ich in meiner Freizeit quer durch die DDR reiste. Ich lernte neue Menschen kennen und bekam andere Eindrücke von Land und Leuten. Es war noch anders als auf See.

Wir waren jung und ich hatte die Taschen voller Geld. Es ergab sich, dass mein Freundeskreis den Freundeskreis von Manfred kennenlernte.

Ich fuhr nicht nur mit dem Zug, sondern hatte Freunde mit Motorrad oder Auto. Das Auto von Christoph war ein EMW-Kombi mit 4-Takt-6–Zylinder-Reihenmotor in Atlantikgrün. Er hatte sich diesen Wagen für 300 Mark vom Schrottplatz gekauft und mühevoll aufgebaut. Wir fuhren nicht nur bis und durch Sachsen, sondern auch bis Warschau.

In der DDR fuhr das Auto mit Katalytbenzin, einer Art Waschbenzin, für 20 Pfennig der Liter.

Der EMW verbrauchte 17 Liter auf 100 Kilometer und fuhr in der Spitze 105 km/h. Das Auto wäre auch mit Normalbenzin gefahren, das konnte sich Christoph aber auf Dauer nicht leisten. Wir hatten immer eine Weinflasche Normalbenzin an Bord. Das kippten wir bei Notwendigkeit

AP 98-06

schluckweise in die Lufttöpfe des Vergasers, wenn das Auto angekurbelt werden musste.

Das Motorrad gehörte Bernhard. Er war Motorenschlosser und baute seine Java auf zwei Vergaser und allerlei Extras um. Es war eine exzellente Arbeit als Motorenbauer. Die Maximalgeschwindigkeit konnte aber nicht verbessert werden. Eine Strecke von 450 Kilometern mit einer Java zu fahren, sorgt dafür, dass man das Ende der Fahrt im Stehen verbringt.

Das Fischkombinat brauchte immer qualifizierten Nachwuchs, denn die Flotte wuchs ständig mit neuen Schiffen an.

Ich sollte Elektroingenieur werden. Ich rechnete mir aus, dass Elektromeister auch ausreichend wäre. Der Elektromeister verdiente nur geringfügig weniger als ein Elektroingenieur und hatte eine wesentlich kürzere Studienzeit.

Der Kaderleiter (Personalchef) Albert Ganz, redete mit Engelszungen auf mich ein. Ich blieb bei meinem Entschluss und wurde Elektromeister.

Ich fuhr dann nur noch kurze Zeit zur See, denn die Einberufung zur Armee kam auf mich zu.

Bevor ich einberufen wurde, sprach ein Mitarbeiter der Staatssicherheit mit mir. Er eröffnete mir, dass ich an die Grenze käme und wollte mich als IM anwerben. Das Gespräch bereitete mir Unbehagen. Ich arbeitete vor meiner Einberufung ganz kurze Zeit an Land in einem relativ kleinen Kollegenkreis.

Ich sprach offen über das Gespräch und machte mich über das Ansinnen meines Gesprächspartners lustig.

In meiner Stasiakte konnte ich später lesen: »Anwerbung in der Aktion ›Grün‹ abgebrochen. Grund: Schwatzhaftigkeit.«

Die Politik und ich

Mein Vater war Jahrgang 1926 und gehörte zu der Generation von jungen Leuten, die nach dem Krieg eine neue Orientierung suchten. Er hatte das Kriegsende zwar noch als Soldat erlebt, war aber nicht traumatisiert wie sein älterer Bruder. Meinem Vater schien es sinnvoll, sich für den sozialistischen Aufbau des Landes zu engagieren. Der Sozialismus mit seinen Zielen war für viele Menschen nach dem Krieg erstrebenswert.

Die große Politik der Siegermächte hatte zwei deutsche Staaten entstehen lassen. Deutschland gehörte nicht mehr sich selbst, es hatte verspielt und wurde fremdbestimmt.

Der naturgemäße Unterschied zwischen meinem Vater und mir war, das er die Jahre nach der Gründung der DDR echt und in Farbe erlebt hatte. Aus meiner Sicht war ich bis Anfang der Siebzigerjahre zwar nicht unpolitisch, aber eher Opposition. Das hat Jugend wohl so an sich. Wenn es einem gut geht, riskiert man gerne mal eine große Klappe.

Ich wurde in meinem Elternhaus nie zu einer angepassten politischen Haltung gezwungen. Im Gegenteil, ich war offen, ehrlich und frei.

Mein Vater kam in meiner Erinnerung nie wie andere Väter zu normalen Feierabendzeiten nach Hause. Er kam spät abends und auch oft mit Kollegen und Freunden, die dann bis spät in die Nacht diskutierten. Für uns Kinder war das nicht so gut, denn wir mussten ja am nächsten Morgen zur Schule.

Diese nächtlichen Politdiskussionen führten bei mir nicht dazu, dass ich Politik gut fand. Eine gewisse Neugier stellte sich aber ein.

Als Kind und heranwachsender Jugendlicher bekam ich nicht wirklich den Aufbau des Staatswesens der DDR mit.

Gesellschaftswissenschaften sind Wissenschaften, die man nicht im Labor erforschen kann. Das bedeutet aber nicht, dass einem die Experimente nicht genauso um die Ohren fliegen können wie im Labor.

Der 17. Juni 1953 war der erste Beweis dafür. Es beteiligten sich 1 Million Menschen an den Demonstrationen und es gab 55 Tote. Die Arbeiterschaft demonstrierte für freie Wahlen, gegen zu hohe Arbeitsnormen bei zu geringem Lohn und Lebensmittelmarken.

Der 17. Juni machte auch klar, dass ausschließlich die Sowjetunion in ihrem besetzten Gebiet das Sagen hatte. Der Aufstand wurde mit sowjetischen Panzern zusammengeschossen. Es gab in der DDR niemals einen Politiker an der Spitze, der je etwas ohne die Genossen in Moskau entscheiden konnte.

Die Vorbereitungen, ein Gebiet nach sowjetischem Vorbild aufzubauen, hatten schon vor Kriegsende begonnen. Aus der Sowjetunion kamen 70 geschulte deutsche Politkader, die Schlüsselpositionen beim Neuaufbau des Landes einnehmen sollten.

Unter ihnen die Gruppe um Walter Ulbricht für den Raum Berlin, die Gruppe Anton Ackermann in Sachsen und die Gruppe Sobottka für Mecklenburg/Vorpommern.

Die politisch Aktiven mussten immer die absolute Treue zur Sowjetunion garantieren. Innerhalb der SED gab es von

Beginn an Überlegungen für einen besonderen deutschen Weg zum Sozialismus.

Anton Ackermann verfasste schon 1948 seine Schrift »Der deutsche Weg zum Sozialismus«. Er wurde gedrängt, diese Schrift schon im September 1948 zu widerrufen.

Der Einzige, der einen nationalen Weg zum Sozialismus gehen konnte war Josip Broz Tito in Jugoslawien. Tito sagte sich 1948 von Stalin los.

Die Gründung der SED wurde auf Drängen Moskaus vorangetrieben. Es sprach viel dafür, aus KPD und SPD eine einheitliche Partei zu schaffen. Die Probleme dieser Vereinigung waren in den Anfangsjahren aber immer wieder Diskussionsstoff in der SED. Mit dem Zauber der Parteidisziplin und dem Kampf für eine gerechte Sache, bekam man das aber in den Griff.

In meinem Bewusstsein gab es funktionierende Strukturen in der DDR. Es gab ein gutes Gesundheitswesen, ein Sozialversicherungswesen, in das jeder einzahlte, ein einheitliches Bildungswesen und Ausbildungswesen. Bemerkenswert ist, dass in meinem Geburtsjahr 1952 Universitäten, Akademien, Hochschulen und Ausbildungsstätten aller Art schon wieder funktionierten.

In meiner Familie haben alle Cousins und Cousinen nach ihrer Facharbeiterausbildung noch eine Zusatzausbildung bzw. ein Studium absolviert. Ein Cousin war Facharbeiter, Ingenieur und Diplomsportlehrer. Er machte eine Karriere als Trainer. Ein anderer war Meister in der Tier- und Pflanzenproduktion. Unter meinen Cousinen gab es eine Lehrerin, eine Medizinerin und studierte Betriebsökonomen.

In meiner Heimatstadt Rostock entstand der Überseehafen als große Gemeinschaftsleistung der DDR-Bevölkerung. Es wurden in der ganzen Republik Steine dafür gesammelt. Es wurde das Ostseestadion mit Hilfe der Rostocker erbaut. Der Schiffbau begann in Serie und in Massen zu produzieren. Die großen Seefahrtsbetriebe des Fischkombinates Rostock und der Deutschen Seereederei erlangten weltweite Bedeutung.

Die Fischer waren vom Nordpol bis zum Südpol unterwegs. Die Deutsche Seereederei hatte das umfassendste Liniennetz in Europa. In der Spitze wurden mit 203 Schiffen Häfen in mehr als 100 Ländern angelaufen. Diese Reederei war in ihrer Struktur und ihrem Charakter einzigartig in der Welt.

Solche und ähnliche Entwicklungen vollzogen sich in der gesamten DDR.

Das gilt für die Stahlindustrie im brandenburgischen Eisenhüttenstadt, die aus dem Boden gestampft wurde, für die Chemieindustrie im Raum Halle und für das größte Braunkohleveredlungswerk der Welt »Schwarze Pumpe«.

Die Wismut AG war eine sowjetisch-deutsche Aktiengesellschaft. Die DDR war der viertgrößte Uranlieferant der Welt. Dieses Uran diente ausschließlich der sowjetischen Atombombe.

Das Gleichgewicht der Atommächte USA und Sowjetunion war in der Zeit von großer Bedeutung.

Der Kohlebergbau und die Erzgewinnung funktionierten in diesem an Rohstoffen armen Land.

Die Abwesenheit von Krieg ist einfach wunderbar. Es gibt wirtschaftliche Erfolge, Fehleinschätzungen und Fehler, die korrigiert werden können. Die Dynamik des Lebens bleibt allgegenwärtig. Ein größeres Geschenk kann man den Menschen nicht machen.

Im Hintergrund dieses friedlichen Aufbaus blieben die beiden deutschen Staaten aber besetzte Gebiete. Vordergründig interessiert die Menschen, dass sie arbeiten können, dass sie satt und zufrieden sind.

In den Staaten, die sowjetisch besetzt waren, gab es immer ein Denken über den Tellerrand hinaus.

Im Jahr 1968 begann der sogenannte »Prager Frühling«. Das war ein neues Denken, das von der Staatsführung der CSSR ausging. Ein nationaler Weg zum Sozialismus. Es dauerte nicht sehr lange, bis die sowjetischen Panzer dagegen vorgingen.

Ich machte im Sommer 1968 meine Ferienarbeit als Zimmermädchen im Hotel »Warnow«.

Diese Arbeit bekam ich durch eine Freundin. Jungen als Zimmermädchen gab es sonst nicht.

Ich verteilte die Seltersflaschen auf den Zimmern, fuhr die Schmutzwäsche in den Keller, verteilte neue Wäsche, bezog Betten und ging den Zimmerfrauen zur Hand.

Unter dem Hotelpersonal waren auch Köche und Kellner aus der CSSR. Sie beendeten alle sofort ihre Arbeit und fuhren nach Hause.

Ein tschechischer Gast hatte den Stecker seines Rasierapparates gewaltsam in die Schukosteckdose gesteckt und bekam ihn nicht mehr heraus. Die Zimmerfrauen riefen mich zu Hilfe. Ich umwickelte mein Taschenmesser mehrfach mit Papier und schnitt das Kabel durch. Der Gast war nicht nur wegen seines Rasierapparates in heller Aufregung. Er wollte schnellstens das Hotel verlassen und nach Hause fahren.

Die Jahre meines Heranwachsens waren hochinteressant.

Es gab in Rostock die Ostseewoche, die alle Ostseeanrainerstaaten einlud. Der Ostseeraum, das sogenannte Baltikum, ist schon immer ein wichtiger Wirtschaftsraum gewesen. Für die DDR ging es um internationale Anerkennung.

Mein Vater begleitete oft Delegationen aus Polen. Manchmal hatte ich den Eindruck, er könne Polnisch sprechen. Er kannte sicherlich einige Worte, die sich mit zunehmendem Alkoholgenuss in eine Sprache wandelten. Unter solchen Bedingungen konnte er auch Finnisch.

Die Ostseewoche war jedenfalls ein buntes Treiben.

1972 kam es zum Grundlagenvertrag zwischen beiden deutschen Staaten und 1975 gab es die Helsinkier Konferenz. Die internationale Anerkennung der DDR war faktisch seit 1971 vollzogen. Es gab Botschaften in aller Welt und ausreichend Arbeit auf diesem Gebiet. Diese Zeit war eigentlich nicht für Kleindenker und Dogmatiker geeignet. Sie eröffnete tolle Möglichkeiten auf allen Gebieten. Leider wurde sie von einem völlig überhöhten Sicherheitsdenken begleitet, das in den Folgejahren immer stärker werden sollte. Die DDR war leistungsstark und sie konnte international mithalten. Sie kam nicht von irgendwo her. In der DDR gab es schließlich Traditionen der deutschen Wirtschaft, des deutschen Ingenieurwesens und der deutschen Arbeiterschaft. Sie stand in der Tradition deutscher Akademiker und Ärzte. Die Charité Berlin hatte ihren Weltruhm zu DDR-Zeiten ja nicht verloren. Das Bauhaus Weimar/Dessau wurde auch nicht geschlossen. All das gehörte zum Stolz dieses Landes.

Die Schlussakte der Helsinkier Konferenz erlaubte Reisefreiheit, Tourismus und Kulturaustausch für jeden Bürger der 35 Unterzeichnerstaaten. Die Menschen in der DDR forderten die Rechte und Freiheiten dieser Helsinkier Schlussakte immer stärker ein.

Von der Unterschrift unter diese Akte bis zur praktischen Umsetzung verging natürlich viel Zeit.

Im Jahr 1975 wurde ich als Soldat zum Grenzdienst eingezogen. Die Tragweite der politischen Rahmenbedingungen war keinem meiner Mitsoldaten klar. Wir waren Soldaten und wollten so schnell wie möglich wieder nach Hause. Die Zeit von 1½ Jahren läuft aber nach der Uhr ab und nicht nach dem Wunsch.

Die Ausbildung war körperlich anspruchsvoll. Jeder Dicke wurde dünn und muskulöser und jeder Dünne wurde muskulöser.

Auf die politische Ausbildung wurde auch viel Wert gelegt und es war nicht alles Blödsinn, was man vermittelt bekam.

Ich hatte mittlerweile einige Bücher gelesen, darunter die großen Franzosen Balzac, Hugo und Zola. Ich wagte mich an Karl Marx und Friedrich Engels. Engels Werk »Der Anteil der Arbeit an der Menschwerdung des Affen« rang mir schon vom Titel her höchstes Interesse ab. Ich avancierte also zu einem philosophischen Spinner.

Die Philosophie ist die Wissenschaft von den allgemeinen Gesetzmäßigkeiten des menschlichen Lebens. Sie wird aber auch als »die Religion der Ungläubigen« bezeichnet.

Die Grenze zwischen den beiden deutschen Staaten war nicht nur dazu da, DDR-Bürger am Verlassen der DDR zu hindern. Sie war die Grenze zwischen zwei Welten. Diese

Grenze umfasste den gesamten sowjetischen Einflussbereich in Osteuropa. Jeder, der diese Grenze direkt überwinden wollte wusste, dass er sterben konnte. Ein Umweg war auf jeden Fall ungefährlicher.

Familienzusammenführung, Eheschließungen, auch wenn fingiert, Ausreiseanträge und Freikäufe waren eine Möglichkeit. Personen des öffentlichen Lebens mit zu kritischer Haltung konnte schon mal ein kostenfreies Übersiedeln in die BRD angeboten werden. Bei einer Eheschließung mussten natürlich die Ausbildungskosten in DM bezahlt werden. Ausreiseanträge wurden oft sehr zögerlich bearbeitet und wurden auch von Schikanen begleitet. Alle Personen, die beruflich die Möglichkeit hatten, konnten gefahrlos wegbleiben. Dazu gehörten z. B. Seefahrer, Künstler, Sportler, Wissenschaftler, Außenhandelsmitarbeiter und Reisekader aller Art. Die Zahl der Personen, die das nutzten, hielt sich in Grenzen.

Die DDR verkaufte im innerdeutschen Handel von 1963 bis 1989 33.755 politische Häftlinge, Agenten und 250.000 Ausreisewillige für 3,5 Milliarden DM. Der Mittelsmann für diese Abwicklungen war der Ostberliner Rechtsanwalt Dr. Wolfgang Vogel. Er besaß das Vertrauen beider deutscher Seiten auf Regierungsebene.

Während meiner Armeezeit gab es zwei Fälle, die mich bis ins Mark erschütterten.

Der Fall Werner Weinhold: Ein Mann, der 54 Autodiebstähle ausführte, während seiner Bewährungszeit ein Sittlichkeitsdelikt beging und relativ spät doch noch zu den normalen Landstreitkräften der NVA eingezogen wurde. Er wurde fahnenflüchtig und setzte sich mit Munition, einem Fahrzeug und seiner Maschinenpistole ab.

Das gesamte Grenzregime war in Alarmbereitschaft. Die Postendichte war sehr hoch in dem Bereich, wo er letztlich durchbrach. Es war der 19. Dezember 1975, es war Vollmond und es lag Schnee. Die Sicht war wie am Tag. Weinhold stand im Waldstreifen und sah vor sich zwei Grenzsoldaten. Er schoss beiden in den Rücken und lief durch. Die Grenzsoldaten hatten ihre Waffen noch nicht mal entsichert. Beide Grenzsoldaten starben an ihren Schussverletzungen.

Man kann alles in Deutschland an Recht und Unrecht bemühen, diese Tat ist mit Nichts zu rechtfertigen. Weinhold wurde nicht an die DDR ausgeliefert.

Der zweite Fall, Michael Gartenschläger: Der 1961 17-Jährige zündete eine LPG-Feldscheune an und protestierte so gegen den Mauerbau. Die DDR war kein Staat, der sich auf der Nase herumtanzen ließ. Gartenschläger wurde in einem Schauprozess zu lebenslänglicher Haft verurteilt. Die Bundesrepublik Deutschland kaufte Gartenschläger 1971 für 40.000 DM frei.

Gartenschläger war kein gutes Geschäft. Er demontierte am 1. April 1976 die erste Mine des Typs SM 70an den Grenzsicherungsanlagen.

Ich war in dieser Nacht zur Alarmgruppe eingeteilt. Die bestand aus vier Mann, die nach ihrem Grenzdienst von acht Stunden normalerweise im Bunker schlafen konnten. Es gab keine Hängematten, sondern Federböden von normalen Bettgestellen, die jeweils zu zweit übereinander in einer Betondecke verschraubt waren.

Im Halbschlaf bekam ich mit, dass eine Minenauslösung signalisiert wurde, aber keine Detonation erfolgte. Diese Minen wurden oft durch Wild ausgelöst. Bei Tagesanbruch fuhr eine Motorradstreife zur angezeigten Stelle. Auf der Westseite des Zauns stand eine Leiter und eine Mine fehlte. Das unüberwindliche Minensystem war geknackt.

Die erste Reaktion der Generalität war, Scheinwerfer parallel zum Grenzverlauf aufzustellen. Batterien von 180 Ah und 12-V-Suchscheinwerfer waren nicht leicht zu transportieren.

Am 23. April fehlte eine weitere Mine.

Der normale Grenzsoldat fragt sich: »Was ist hier los?«

Wir wurden in die zweite Reihe beordert und in der ersten Reihe waren Sonderkräfte im Einsatz.

In der Nacht zum 1. Mai sollte die dritte Mine abgebaut werden. Es war die Todesnacht des Michael Gartenschläger.

Die Staatssicherheitsleute, die diese Sache erledigten, konnten in späteren Jahren nicht nach bundesdeutschem Recht verurteilt werden. Es konnte nicht zweifelsfrei geklärt werden, wer zuerst geschossen hatte.

Uns Grenzsoldaten des Abschnittes wurde der Vorgang geschildert.

Gartenschläger war schwarz gekleidet und seine sichtbare Haut war mit Ruß eingefärbt. Er stieg auf eine Leiter und machte sich an die Arbeit.

Gartenschläger wurde ordnungsgemäß angerufen. Er zog seine Pistole und schoss in die Richtung. Die Sonderkräfte eröffneten das Feuer und Gartenschläger starb.

Der Gebrauch der Schusswaffe war für Grenzsoldaten klar geregelt. Der Grenzverletzer wird angerufen, dann erfolgt ein Warnschuss, bevor gezieltes Feuer eröffnet werden kann.

Wir wurden zur Geheimhaltung verpflichtet und die Dienstzeit ging weiter.

Es wurde uns nicht erklärt, wie sich die Staatssicherheitsleute und Gartenschläger punktgenau an der Stelle treffen konnten. Diese Frage konnte erst 23 Jahre später unter Zuhilfenahme von Stasiakten in einem Gerichtsprozess geklärt werden. Gartenschläger wurde durch einen »Freund«, Kontaktmann der Staatsicherheit, verraten.[2]

Im Zuge der Entspannungspolitik zwischen Ost und West wurde dieses Minensystem entfernt.

Im Herbst 1976 war mein Wehrdienst beendet.

Ich begann an Land als Elektriker in der Schiffsreparatur zu arbeiten. Wir reparierten die Fahrzeuge der Bagger-, Bugsier- und Bergungsreederei. Die Werkstätten waren aber der Deutschen Seerederei angeschlossen.

Ich wollte nahtlos von der Hochseefischerei zur Handelsflotte, um mir die Welt anzuschauen. Auf meinen Streifzügen durch die DDR vor meiner Armeezeit lernte ich eine Perle von Mädchen kennen. Wir heirateten noch während meiner Armeezeit.

Ursprünglich wollte ich mit meiner Frau gemeinsam zur See fahren. Diese Fälle kannte ich aus der Hochseefischerei. Bei der Deutschen Seerederei gab es die Möglichkeit, dass Ehefrauen für begrenzte Zeit mitreisen konnten. Diese Maßnahme sollte den Familien eine gewisse Erleichterung bringen.

Es war von mir mehr als naiv, für uns als kinderloses Ehepaar so einen Plan zu haben. Wir haben nie versucht, diesen Plan umzusetzen, da es tausend andere Dinge gab, die wir erledigen mussten.

---

2 Anwalt in diesem Prozess: P. M. Diestel, siehe Anhang.

In meinem Leben wurde ich mehrfach angesprochen, Mitglied der SED zu werden. Es war mir einfach lästig. Ich hatte viele gute Leute kennengelernt, die Mitglied dieser Partei waren.

In meiner Arbeitswelt gab es auch genügend Dinge, die man verbessern sollte. Als mich niemand mehr fragte, ging ich aus freien Stücken auf einen Parteisekretär zu und stellte den Antrag auf Parteimitgliedschaft.

Wenn man aus Überzeugung in eine Partei geht, kann man allerdings auch in Zweifel geraten und enttäuscht werden. Das geht Kirchenmitgliedern, die an Gott glauben, auch nicht anders.

Auf jeden Fall wurde ich ein Jahr später von unserem Parteisekretär der Grundorganisation, Karl Mantei, zu einem Gespräch eingeladen. Er fragte mich, was ich denn für meine Zukunft noch für Pläne hätte. Ich verwies auf mein früher ausgeschlagenes Ingenieurstudium.

Karl Mantei meinte, ich könnte das in Ilmenau auf dem Industrieinstitut machen, um später in leitender Position zu arbeiten.

Der Gedanke gefiel mir. Ich machte meine Unterlagen fertig und übergab sie ihm.

Karl Mantei war ein Parteifunktionär, der mit allen Wassern gewaschen war. Nach kurzer Zeit erklärte er mir, dass die Genossen in Ilmenau bemängelten, das ich keinerlei politische Vorbildung hätte. Ich sollte nun erst einmal für ein Jahr auf Parteischule.

Heute weiß ich, dass meine Unterlagen nie in Ilmenau ankamen. Karl Mantei brauchte einen jungen Genossen, den er auf die Parteischule delegieren konnte.

Für mich bestand die Frage, nach A nun auch B zu sagen. Das Studium in Ilmenau war noch mein Ziel.

Karl Mantei wollte mir offensichtlich ein gutes Gefühl vermitteln, indem ich zum Stapellauf eines Schiffes eingeladen wurde. Ich kam nach Hause und sagte meiner Frau, dass ich am nächsten Tag zum Stapellauf müsse. Sie darauf: »Oh Gott, du hast ja gar keinen Trainingsanzug.«

Ein anderes Mal wurde ich zu einer Ausfahrt mit Bockwurst und Erbseneintopf auf dem Schiff »Ostseeland« eingeladen. Auf dieser Ausfahrt 1978 war der Fliegerkosmonaut Sigmund Jähn anwesend. Er hatte seine Arbeitshandschuhe und einige kleinere Utensilien dabei. An den Arbeitshandschuhen konnte man sehen, dass das Umsteigen von einer Raumkapsel in eine Raumstation und dann wieder zur Landung in die Kapsel handfeste Arbeit war. Sigmund Jähn war ein sehr angenehmer und kompetenter Gesprächspartner.

Ich wurde also Student an der Parteischule. Meine Mitstudenten waren unter anderen eine Lehrerin, eine Verkäuferin, ein Kapitän, ein Busfahrer und ein Mitarbeiter des Ministeriums für Staatssicherheit Berlin. Eine bunte Mischung also.

Damit die Studenten der Gesellschaftswissenschaft nicht vergessen, wie harte Arbeit schmeckt, fuhren die Parteischüler traditionell zur Kohlernte auf die Insel Rügen. Im Herbst ist es schon empfindlich kalt und nass. Die Kohlreihen auf den Feldern reichten bis zum Horizont. Viele Frauen mussten aufgeben. Die Arbeit war einfach zu schwer.

Mein Mitstudent Giesbert, im Range eines Offiziers der Staatssicherheit, meldete sich auch krank. Er durfte nach Hause fahren.

Nach meiner Einstellung muss man bei harter körperlicher Arbeit den Punkt überwinden, an dem es scheinbar nicht mehr weiter geht.

Giesbert und ich studierten und irgendwie mochten wir uns beide nicht. Während meines Studiums erfuhr ich durch einen Mitstudenten, dass ich eine hauptamtliche Funktion in der FDJ übernehmen sollte. Diese Position hatte dieser Mitstudent früher inne. Mein Studium in Ilmenau war also Geschichte.

Bevor man mit mir persönlich sprach, eskalierte die Situation zwischen mir und Giesbert gegen Ende des Studiums. Ich schlug Giesbert vor, dass wir eine neue Partei gründen sollten, auf der Grundlage der Ideen von Rudolf Bahro und Robert Havemann. Rudolf Bahro saß mittlerweile im Gefängnis und Robert Havemann stand unter Hausarrest. Ich kritisierte und provozierte in einem Rundumschlag. Es gab zu dieser Zeit keine besseren Männer, mit denen man innerhalb der SED so provozieren konnte.

Es scharrten sich noch andere Mitstudenten um uns und trauten ihren Ohren und Augen nicht. Giesbert ermittelte mich als Partei- und Republikfeind. Er schrieb noch in der Nacht einen Bericht an seine Dienststelle in Berlin und an die Schulleitung.

Ich erklärte frei und offen gegenüber der Schulleitung, wie es soweit kommen konnte. Das waren erfahrene Leute, die nur noch die Köpfe schüttelten. Ein Lehrer bezeichnete mich unter vier Augen als Politganoven. Er tat dies freundlich, aber bestimmt und hatte den Nagel auf den Kopf getroffen. Zu retten war ich aber nicht.

Es gab ein Parteiausschlussverfahren, das mit einer Stimme Mehrheit für mich ausging. Ich blieb Mitglied der SED und wurde zurück in die Produktion delegiert.

Wer nur knapp ein solches Verfahren überstanden hatte, genoss eine gewisse Narrenfreiheit und brauchte kein Blatt mehr vor den Mund zu nehmen. Für meine spätere Arbeitswelt war das genau richtig.

Meine wirtschaftliche und politische Karriere war damit beendet. Ich war im Sozialismus einen Tag arbeitslos, weil keiner auf mich vorbereitet war.

In den Reparaturwerkstätten der Seereederei gab es eine Elektrowerkstatt mit einer Personalstärke von 25 Mann. Dieses Personal von Individualisten galt im Sinne eines sozialistischen Kollektivs als unregierbar. Ich übernahm 27-jährig diese Werkstatt als Werkstattleiter und Meister. Man hatte also eine Aufgabe für mich gefunden.

Der nächst ältere Kollege war 35 Jahre alt und der älteste 57 Jahre.

Unabhängig davon wurde ich angekündigt als jemand, der von der Parteischule kommt und hier Ordnung schaffen sollte. Die Kollegen konnten ja nicht wissen, dass ich noch einen Zahn schärfer war als sie selbst.

Die Jahre 1979/80 waren ein Umbruch in meinem Leben. Im März 1979 wurde mein Sohn geboren, im September begann die Parteischule und im Oktober 1979 bezog ich mit meiner kleinen Familie ein altes Einfamilienhaus. Die Sanierung sollte dann10 Jahre dauern. Ich studierte, baute und trat im Oktober 1980 meine neue Arbeitsstelle an.

Meine Arbeitswelt ab dem Jahr 1980

Ich stand einem Kollektiv von Männern vor, die mich mit Spannung erwarteten. Sie hatten alle ihre eigene Geschichte und Erfahrungen. Für mich war das eine Feuerprobe. Ich hatte noch nie unter solchen Umständen gearbeitet. Es war klar, dass ich getestet wurde und auch mit Gemeinheiten und Hinterlistigkeiten umgehen musste. Von Anfang an habe ich mich mit fachlicher Kompetenz, Ehrlichkeit und der mir eigenen Konsequenz dieser Herausforderung gestellt. Mein Auftreten führte relativ schnell zur Akzeptanz meiner Person. Bei einer Personalstärke von 25 Mann gibt es natürlich einige Könige. Es galt für mich, diesen Zustand zu beenden. So etwas gelingt nicht in einem Jahr, es dauerte mindestens zwei Jahre. Autorität muss man sich erarbeiten und es ist von Vorteil, eine gewisse natürliche Autorität mitzubringen.

Der Werktätige in der DDR hatte Zugang zu vielen gesellschaftlichen Strukturen, wie Kultur, Politik und nicht zu letzt zu umfassender Bildung. Menschen, die solche Strukturen in ihr Bewusstsein aufgenommen haben, können sich prinzipiell über jedes noch so komplizierte Problem verständigen. Sie verlieren darüber keineswegs die Fähigkeit, auch einfache Dinge zu beherrschen. Unter meinen Kollegen waren bestimmt 50% ehemalige Seefahrer, die in ihren jungen Jahren die Welt mit eigenen Augen gesehen hatten. An politischem Diskussionsstoff mangelte es bei uns nicht.

Wir waren zuständig für die Reparaturen der Elektroanlagen auf den Schiffen der Deutschen Seerederei. Auslauftermine der Schiffe durften unter keinen Umständen gefährdet werden. Daraus ergaben sich viele Überstunden und Schichtbetrieb in den Arbeitsabläufen. Ich war nie ein Chef, der nur Chef war. In vielen Situationen war ich wie selbstverständlich dabei. Durch die gemeinsame Arbeit wurden wir eine eingeschworene Gemeinschaft. Ich redete nie etwas gerade, was krumm war und man konnte sich auf mich verlassen. Meine Kollegen waren alle Familienväter und so lernte ich bei gemeinsamen Feiern und Ausflügen auch die Familien kennen. Die Ehefrauen der Männer arbeiteten oft in anspruchsvollen Funktionen. Ich konnte mir ein gutes Bild von meinen Männern machen. Bei unseren Feiern gingen die Polonaisen oft über Tische und Bänke. Es gab ja immer wieder mal Nächte, die nicht enden wollten.

Wir waren mit Kind und Kegel auf einem Wochenendausflug in einem Ferienobjekt der Reederei in Rerik. Unser Kollege Günter Winter hatte eine überlange Verlängerungsschnur gefunden und tanzte mit einem Radio im Arm in den Morgen. Er tat dies mit nackten Füßen auf dem Rasen und drehte sich im Kreis um eine Laterne. Die Schnur wickelte sich um die Laterne, bis der Stecker des Radios aus der Kupplung rutschte. Es war nun Zeit für Günter, ins Bett zu gehen.

Unser Arbeitsalltag war nie eintönig, er verlangte oft den ganzen Mann. Überall wo ein Elektrokabel ran ging, waren wir gefragt. Das waren Energieerzeugeranlagen, Pumpen und Aggregate, Krananlagen, Fernsteuerungen, Überwachungsanlagen oder Satellitennavigation.

Ich musste manchmal froh sein, dass meine Leute den

Arbeitsschutz nicht so genau nahmen. Wir sind in Ecken rumgekrochen und haben in Höhen balanciert, die schon bedenklich waren.

Bei einer Arbeitsschutzbelehrung spielte ich den Flaschenzug[3] per Tonband ab.

Unser Arbeitstag begann um 6 Uhr morgens. Ich saß auf einem Hocker mit verlängerten, angeschweißten Beinen, um alles überblicken zu können. Alle Kollegen bekamen ihren Arbeitsauftrag von mir. Die Arbeitseinteilung war immer von einer Tasse Kaffee begleitet.

Die DDR war ein Kaffeetrinkerland. Ich kenne kein Büro und keine Werkstatt, in der nicht der morgendliche Kaffee duftete.

Als die Weltmarktpreise für Rohkaffee explodierten, hatte die DDR ein Problem. Man versuchte es mit einem Kaffeemix, der von den Leuten als Beleidigung empfunden wurde. Dieses Experiment hörte dann auch sehr schnell auf.

Eine sowjetische Öllieferung außer der Reihe, die mit Rubel bezahlt wurde, stopfte das erste Loch beim Kaffeekauf auf dem Weltmarkt. Es wurde sogar ein Kaffeeröstverfahren mit Heißluft entwickelt, das effektiver war als das herkömmliche. Das hatte aber nicht zur Folge, dass aus einer Bohne zwei wurden.

Das Kaffeeproblem wurde zunächst mit Waffenlieferungen nach Äthiopien gelöst. Waffen, Lkw, Medikamente und Dauerbrot gegen Kaffee. Die DDR hatte in der Stadt Riesa die Produktion der Maschinenpistole »Kalaschnikow«. Jedes Land des Warschauer Paktes stellte Handfeuer-

3 Zitat aus einem Brief eines Bewohners der Barados-Insel an seinen Chef; Audiodatei vom 21.02.2008 https://www.youtube.com/watch?v=Czfi3tcBsmY

waffen in Lizenzproduktion her. Das Dauerbrot wurde von fast allen Großbäckereien in Westeuropa auf Bestellung von Schalk Golodkowski hergestellt und mit den Waffen verschifft.

Endgültig und mit friedlichen Mitteln wollte man das Kaffeeproblem in der Zusammenarbeit mit Vietnam lösen. Man schickte 1980 Spezialisten nach Vietnam, um dort Kaffeeplantagen anzulegen. Die Kaffeepflanze braucht 10 Jahre bis sie trägt. Vietnam wurde ab 1990 mit Hilfe der DDR der größte Exporteur von Kaffee in Asien.

Nachdem ich fünf Jahre Werkstattleiter war, wollte ich für zwei bis drei Jahre bei der Deutschen Seereederei zur See fahren, um mehr Geld zu verdienen. Die Sanierung meines Hauses verschlang zu viel Geld.

Ich bewarb mich und bekam eine Absage, obwohl dringend Elektromeister gesucht wurden. Dieser Widerspruch machte mich wütend. Es konnte nur am fehlenden Sichtvermerk liegen, der durch die entsprechenden Stellen der Staatssicherheit vergeben wurde.

Ich bildete mir ein, den Politladen dieses Landes zu kennen und bewarb mich weiter beim Fischkombinat und beim Seehydrographischen Dienst. Das waren alles Betriebe, in denen man als Seemann ein Seefahrtsbuch brauchte. Ich bekam überall eine Absage.

Nun war es an der Zeit, das Gespräch zu suchen und den Grund der Absagen zu erfahren. Ich hatte zwei Gespräche bei der Kreisleitung der SED, in denen mir immer wieder gesagt wurde: »Es ist zu deiner eigenen Sicherheit.«

Diese Antwort machte mich noch wütender. Ich erklärte, dass wenn einer in meinem Leben Bescheid weiß, dann bin ich das selber. Es kam zu einem dritten Gespräch in der

Bezirksleitung der SED. Bei diesem Gespräch gab es eine kurze Pause, in der mich jemand beiseite nahm und mir sagte: »Hör auf zu bohren und versuche es später noch mal.«

Am Ende des Gespräches gab es die gleiche Antwort wie zuvor, mit dem Unterschied und der Bemerkung: »Oder sollen wir deinen Denkprozess in Gang setzen?«

Zwei Tage später nahm ich meinen Einberufungsbefehl zum Reservedienst aus meinem Briefkasten. Es waren die Monate Juni, Juli und August, die mir bei meinen Arbeiten am Haus fehlten und richtig weh taten.

Geheimhaltung und das Zurückhalten von Informationen an die eigene Bevölkerung gehörten zum Wesen der Staatssicherheit, in ihrem Wirken nach Innen. Vieles davon gehört in den Bereich des Militärs, aber auf keinen Fall in den Bereich der Zivilgesellschaft. Ich hörte bis in die Wendezeit nie auf, darüber nachzudenken und zu forschen, woher diese Dummheit kam. Die Mischung von Dummheit und Macht ist immer eine allgemeine und gültige Erklärung für solche Zustände.

Dem Wirken der Staatssicherheit nach innen hatte die SED-Führung zu viel Freiheit gelassen. Einen Mann wie Erich Mielke und Männern seines Typs durfte man nicht so agieren lassen. Das Verhältnis zwischen Mielke und Honecker war das Übelste in der Geschichte der DDR. Zwei knochenharte Stalinisten, die sich aber im Wesen nicht glichen.

Erich Honecker war gegenüber Mielke auf einem Auge blind, obwohl der auch die Tochter von Honecker überwachen ließ[4].

---

4 Doku »Die Honeckers, Die private Geschichte«, ZDF-History, 2019

Die Hauptverwaltung Abwehr unter Markus Wolf hatte weniger mit den innenpolitischen Maßnahmen zu tun. Die HVA war einer der erfolgreichsten Geheimdienste Europas. Sie hatte Sicherheitsanforderungen, über deren Einhaltung ein sowjetischer Berater mit unnachgiebiger Strenge wachte. Die Sicherheitsanforderungen waren so hoch geschraubt, dass es schier unmöglich schien, die Zentrale zu besetzen. Kandidaten mit Verwandten im Westen oder solche, die in westlicher Emigration oder Gefangenschaft gewesen waren, schieden von vornherein aus (Markus Wolf, »Spionagechef im geheimen Krieg«).

Dieses Prinzip mag für eine militärische Abwehr völlig in Ordnung sein. Dass die Staatssicherheit unter Mielke dieses Prinzip für ihr Wirken nach innen kopiert hat, war teuflisch. Es spaltete die Zivilgesellschaft der DDR.

Westverwandtschaft, verbotene Kontakte zu Westbürgern, Freunden und anderen Personen der westlichen Welt konnten zu Repressalien führen. Es entwickelte sich eine kleinteilige und bevormundende Überwachung aus diesem Prinzip. Die ganze Zivilgesellschaft wurde davon durchzogen.

Mein Freund Manfred aus Halle besuchte mich 1981 und teilte mir mit, das er an einem Lehrgang für Funker bei der Deutschen Seereederei teilnähme, um dann zur See zu fahren. Er war ausgebildeter Elektriker, studierte in Leipzig Elektrotechnik und arbeitete dann in einem Industriebetrieb als Ingenieur.

Bei seiner ersten Reise setzte er sich dann auch gleich in den Westen ab. Wir schrieben uns Briefe und er versuchte, mir diesen Schritt zu erklären. Ich kam überhaupt nicht auf die Idee, dass mir jemand das Recht streitig machte, Briefe an wen auch immer zu schreiben.

Es konnten einige Gründe sein, mir ein Seefahrtsbuch zu verweigern. Das war aber der einzige laut meiner Stasiakte.

Ich arbeitete weiter in den Reparaturwerkstätten der Reederei. Man hatte mir nicht die Arbeit genommen, sondern nur einen Arbeitsort verweigert, wie ich später erfuhr.

Bei einem Einsatz auf dem Motorschiff »Artern« lernte ich einen Monteur aus Hamburg kennen. Das Schiff lag auf der Werft in Szczecin (Polen). Wir kamen logischerweise ins Gespräch. Ich hätte ja nach Lesart der Stasi keinen Kontakt aufnehmen dürfen. Es war ein sehr netter und kompetenter Mann. Er war zur Durchsicht und Reparatur der Rudermaschine geordert worden. Dieser Mann beschwerte sich bei mir über die Verkehrskontrollen auf DDR-Gebiet und äußerte sich besorgt über die Jugenddemonstrationen im Osten, die er im Fernsehen verfolgt hatte. Ich entschuldigte mich lächelnd für die Verkehrskontrollen und beruhigte ihn in Bezug auf die Demonstrationen der Jugend. Ich sagte ihm, dass die Demonstrationen keinerlei Rückschlüsse auf die tatsächliche Gedankenwelt der ostdeutschen Jugend zulassen.

Als der Monteur aus Hamburg seine geleistete Arbeit mit Protokoll an den Chief des Schiffes übergab, konnte ich zuhören. Ich arbeitete an einer Elektroverteilung auf dem Betriebsgang und die Kammertür stand offen. Die beiden Männer waren etwa gleichaltrig. Sie begossen die Übergabe mit einer Flasche Weinbrand der Marke »Weinblattsiegel«. Im Gespräch stellten sie fest, dass sie als Kinder in den Trümmern von Hamburg gespielt hatten, weil es ihre Eltern dahin verschlagen hatte. Als Kinder sammelten sie Bombensplitter und tauschten sie untereinander. Der Wert der Bombensplitter richtete sich nach den Zacken, die der

Splitter hatte. Die beiden älteren Herren wussten noch genau, wie man einen 7-zackigen gegen zwei 5-zackige eintauschen konnte.

Solche Begegnungen durch Arbeitskontakte führten die ganze Neurose der Mielkeleute ad Absurdum.

Einem Kontakt zur Staatssicherheit konnte man sich ziemlich sicher sein, wenn jemand aus der grauen Masse des Volkes nach oben oder nach unten ausbrach.

Nach oben mit einer besonderen Karriere, nach unten mit nicht gern gesehenen, nicht erlaubten und provokanten Dingen.

Der Einzige, der 1986 zur Seite ausbrach, war Markus Wolf selbst. Mit 60 Jahren und 34 Jahren als Chef der HVA ließ er sich auf eigenen Wunsch beurlauben und widmete sich der Schriftstellerei. Er war ab 1986 in dritter Ehe mit einer Frau verheiratet, die wegen versuchter Republikflucht vier Monate in Stasi-Untersuchungshaft saß. Das war nicht das Einzige, was Erich Mielke an Markus Wolf ein Dorn im Auge war. Mielke konnte gegen seinen ehemaligen Stellvertreter und Topspion nichts unternehmen. Die Art des Sozialismus in der DDR war offensichtlich nicht mehr die Sache von Wolf.

Der lange Arm der HVA unter Markus Wolf reichte bis in NATO-Kreise, in den Deutschen Bundestag und in den Privatbereich westdeutscher Politiker. Zu Regierungszeiten von Willy Brandt wurde eine Abhörwanze im Haus des SPD-Politikers Egon Bahr platziert (Markus Wolf, » Spionagechef im geheimen Krieg«). Hier wurden Informationen abgehört, die eine Verbindung der SPD-Führung nach Moskau offenbarten. Von diesen Gesprächen wusste die DDR-Führung nichts. Als das nun durch Abhörmaßnahmen heraus kam, wurde eine Delegation nach Moskau entsandt.

Das ist nur ein Beispiel, wie über die Köpfe der DDR-Führung hinweg regiert wurde.

Sehr viel deutlicher wird die Erniedrigung der DDR-Regierung beim »Krimrapport«, zu dem Breschnew einlud. Alle Staatschefs der sozialistischen Länder mussten dort über die Lage in ihren Ländern berichten.

Erich Honecker hielt seinen Vortrag und Breschnew entfernte sich aus dem Raum, um offensichtlich ein Getränk zu sich zu nehmen. Auf die Frage an Andrei Kossygin, ob er seinen Vortrag fortsetzen solle, antwortete Kossygin: »Fahre nur fort, wir wissen bei euch ohnehin besser Bescheid als du.[5]

In meiner Arbeitswelt spielte Politik immer eine Rolle. Bis ins Jahr 1989 arbeiteten wir oft in Szczecin auf der Werft. Wir rüsteten dort unsere Küstenmotorschiffe auf wachfreien Maschinenbetrieb um. Es waren bis zu 6 Kollegen mit diesen Arbeiten betraut. Die politische Entwicklung in Polen war spannend. Wir maßten uns aber nicht an, die Lage in Polen wirklich einschätzen zu können.

Für meine Kollegen war es nur wichtig, gute Bedingungen zu haben. Dazu gehörten auch schöne Hotelzimmer, die man schon mit einer Tüte Kaffee immer wieder reservieren konnte. Ich persönlich war an allen politischen Entwicklungen interessiert. Es ärgerte mich, dass die SED-Führung so verknöchert war und die Chancen einer echten

5 Reinhold Andert: Honeckers Rapport auf der Krim, https://www.youtube.com/watch?v=oO6CJONFvPQ vom 28.09.2011

Erneuerung nicht anpackte. Diese Chance haben sie in ihrer Stupidität, Eitelkeit und Feigheit zerschlagen.

Die Möglichkeiten einer Änderung der Politik wurden 1968 und 1985 nicht genutzt. Der schillernde Schmetterling der Perestroika, der aus der Larve des Stalinismus kam, war zu spät und zu schwach.

Um Schmetterlinge im Bauch zu spüren, muss man erst eine Raupe verschlucken. Das gilt allerdings nur für Verliebte. Es kam ab 1985 zu keiner Liebesbeziehung mehr.

In Vorbereitung der Gründung des »Neuen Forums« in der DDR kursierten Unterschriftslisten. Ich ging mit einer dieser Listen zu meinen Kollegen. Zu meiner Überraschung unterzeichnete nicht einer. Sie waren also doch keine Weltverbesserer. Es ging ihnen gut. Das Beobachten der neuen Entwicklung vom Spielfeldrand schien ihnen bequemer.

Das »Neue Forum« wurde dann trotzdem am 9. September 1989 gegründet.

Was man über die DDR wissen sollte

Die Jahre bis zur Gründung der DDR und danach hatten es wahrhaft in sich. Es gab nach dem zweiten Weltkrieg kaum schlechtere Startbedingungen für ein Land.

Die Sowjetunion kam auf Einladung Hitlerdeutschlands bis nach Berlin. Ohne Einladung wäre sie nicht gekommen.

Die Brutalität des Krieges gegen die Sowjetunion kehrte zurück nach Deutschland. Das betraf allerdings nur den Osten dieses Landes. Nachdem für die Sowjetunion die Einverleibung von West-Berlin bis 1961 immer wieder gescheitert war und die Fluchtbewegungen von Ost nach West nicht aufhörten, wurde 1961 die Mauer um West-Berlin gebaut. Es war ein Kräftemessen zwischen Kennedy und Chruschtschow. Die Mauer wurde von den Amerikanern hingenommen. Es war besser als zu dieser Zeit einen Krieg zu riskieren.

Die Entscheidung für den Mauerbau fällte Nikita Chruschtschow. Walter Ulbricht wünschte sich zwar eine Mauer wegen der Abwanderung von Fachkräften, konnte das aber nicht entscheiden.

Der Mauerbau wird oft als das Gesellenstück von Erich Honecker bezeichnet. Er hatte natürlich seine Meister. Die Kosten für Mauerbau, Grenzausbau und Militärobjekte trug die DDR. Der Stacheldraht für den Mauerbau wurde zu großen Teilen im Westen eingekauft.

Während der ersten Nachkriegsjahre haben die sowjetischen Truppen alles an Industrieanlagen, die der Krieg nicht zerstört hatte, demontiert. Das wirtschaftliche Rückrat der späteren DDR war damit zum ersten Mal gebrochen.

Durch die Politik und das Verhalten der anderen Siegermächte setzte bei der Sowjetunion ein Umdenken ein. Sie konnten ihr besetztes Gebiet, ihr Eigentum, nicht länger ausbluten. Die DDR war die Hauptbeute des Zweiten Weltkrieges für die Sowjetunion. Die Belastung pro Kopf der Bevölkerung für den verlorenen Krieg war in der DDR wesentlich höher als in der BRD.

In den Westzonen startete man wegen des Marshallplans, der weniger zerstörten Industrie und den in geringerem Umfang geleisteten Kriegsreparationen, mit deutlich besseren Bedingungen.

Im Jahr 1957 bekundete die Sowjetunion, die DDR mit Rohstoffen zu beliefern. Das erfolgte nur nach ihren Möglichkeiten. Öllieferungen aus der SU lagen anfangs bei mageren 90.000 Tonnen pro Jahr. Die Erdölleitung nach Schwedt an der Oder gab es erst ab 1963. In Spitzenzeiten wurden dann 20 Millionen Tonnen geliefert. Ab 1982 wurden die Öllieferungen um 20% gedrosselt. Die DDR deckte ihren Energiebedarf zu 64% nur aus einheimischer Braunkohle. Ab 1984 kostete das Sowjetische Erdöl genau so viel wie das aus den Opec-Staaten. Die Sowjetunion errechnete ein Handelsdefizit von 3,5 Milliarden Verrechnungsrubel, das entsprach 5 Milliarden Dollar. Allein die Energiefrage hätte ausgereicht, um die Existenz der DDR in Frage zu stellen. Wer glaubt, dass die Erdgastrasse »Druschba« das Energieproblem der DDR lösen sollte, ist auf dem Holzweg. Russisches Erdgas fand erst nach der Wende den Weg in ostdeutsche Wohnungen. Aufgrund der Mengen und der Preisentwicklung für Rohstoffe begannen ab 1982 existenzielle Probleme für die DDR. Es wurde alles, was nicht niet- und nagelfest war exportiert. Die Devisenbeschaffung sorgte für deutlich bemerkbare Mängel in der Versorgung der Bevölkerung. Die guten Jahre der DDR waren vorbei.

Der Handel mit der Sowjetunion war sehr umfangreich, aber auch sehr einseitig. Die DDR bezahlte die gesamten Kriegsreparationen Deutschlands an die Sowjetunion.

Als Handelsmärkte hatte die DDR ihren Binnenmarkt, den Markt der sozialistischen Länder und begrenzt den internationalen Markt. Eine Hinwendung zum offenen internationalen Handel und Wettbewerb war für die DDR unter ihren politischen und wirtschaftlichen Bedingungen unmöglich.

Der Wiederaufbau

Von Beginn an wurde der Bevölkerungsentwicklung und der Rolle der Frau im Sozialismus große Aufmerksamkeit geschenkt. Der Hausarbeitstag für die Frau wurde schon 1952 eingeführt. Es gab auch den Haushaltstag für den alleinerziehenden Vater mit eigenem Haushalt. Einmal im Monat war dieser bezahlte Hausarbeitstag zu nehmen.

Da der Mensch auch im Sozialismus auf natürliche Weise hergestellt wurde, blieben naturgemäß viele Dinge zu regeln, um die Frauen zu entlasten.

Kinderkrippen und Kindergärten entstanden. Die Öffnungszeiten waren der Arbeitswelt angepasst. Im Jahr 1989 waren 83 % der Frauen erwerbstätig.

Die Arbeitswelt lief unter normalen und harten Bedingungen ab. Es hätte keiner Propaganda bedurft, denn sie machte die Bedingungen nicht besser. Das Leben besserte sich mit zunehmender Wirtschaftskraft.

Die Propagandisten sahen das anders. Die Arbeitswelt wurde von vielen Losungen und Sprüchen begleitet. Es wurde viel plakatiert und zur Beschriftung dienten auch Mauern und Hauswände.

Der 1. Mai war ein besonderer Tag. An einer gut zu beschriftenden Mauer war zu lesen: »ALLE raus zum 1. Mai« (zur Demonstration). Dem Beschrifter war entgangen, das es die Friedhofsmauer war (Satirezeitschrift »Eulenspiegel«, DDR). Die Propagandisten waren nicht immer die hellsten Kerzen auf der Torte des Sozialismus.

Es gab unsinnige Losungen, die den ernsthaft arbeitenden Angestellten und Funktionären des Staatsapparates das Leben nicht gerade leichter machten. Über Manches in der Propaganda konnte man lächeln, über anderes musste man den Kopf schütteln. Vieles bereicherte allerdings die Witzkultur.

Mit der Aktivistenbewegung begann die Welle des Anspornens in der Wirtschaft. Am 13. Oktober 1948 geschah etwas Besonderes: Der Bergmann Adolf Hennecke holte im Karl-Liebknecht-Schacht in Oelsnitz das Dreifache der vorgegebenen Kohle hervor. Hennecke bekam 1,5 Kilo Fett, Trinkbrandwein, Zigaretten, 50 Mark und er konnte sich die Stelle für den Kohleabbau selber aussuchen.

Für mehr Leistung, brauchte es also einen guten Lohn.

Selbst diese Aktion hatte den sowjetischen Bergmann Alexej Stachanow zum Vorbild.

Das Nationale Aufbauwerk war in der DDR allgemeiner Konsens aller Schichten der Bevölkerung. »Was des Volkes Hände schaffen, soll des Volkes Eigen sein.« Das ist die Begründung für Volkseigentum.

Die Losungen von Walter Ulbricht sind nicht in das übliche Bild einzuordnen. Seine Losung: »Wir können den Sozialismus nicht nur mit Friseusen aufbauen« war sicherlich richtig. Es gab Kranfahrerinnen, Schweißerinnen, Ingenieurinnen und Landarbeiterinnen. Die Statistik besagt aber, dass diese Berufsbilder nicht überragten. Die DDR-Frauen arbeiteten in den typischen Frauensparten.

Bei seiner alles überragenden Losung: »Überholen ohne Einzuholen« hatte er offensichtlich das dialektische Gesetz der Negation der Negation als Hintergrund. Er wurde auf jeden Fall zu 100 % nicht verstanden.

Der Wiederaufbau konnte nur mit den Menschen, die da waren gemacht werden. Dazu gehörten auch frühere NSDAP-Mitglieder und Offiziere der Wehrmacht. In der DDR wurden Parteien wie die NDPD, die LDPD, die Bauernpartei und die CDU gegründet. Somit hatte man ein größeres Sammelbecken für die verschiedenen Richtungen. Die SED als kommunistische Staatspartei hatte 1954 fast 30 % Mitglieder, die zuvor in der Hitler-Partei und anderen derartigen Organisationen gewesen waren.

Im Allgemeinen setzte man darauf, dass die Menschen aus der Vergangenheit die richtigen Lehren gezogen hatten.

In diesem Zusammenhang ist der Satz von Walter Ulbricht legendär: »Genossen, es muss demokratisch aussehen – wir müssen aber alles im Griff behalten.«

Ehemalige NSDAP- und SA-Mitglieder sammelten sich logischerweise in allen neu gegründeten Verbänden und Gesellschaften.

Aus dem anderen Deutschland, einem guten Unterschlupf für Altnazis, gab es immer wieder Auflistungen von ehemaligen Nazis, die in der DDR herausragende Positionen bekleideten. Es gab eine Reihe von Fällen, die relativ unspektakulär waren.

Dass es Günter Kertzscher, seit 1937 Mitglied der SA und der NSDAP, bei der Zeitung »Neues Deutschland« (Zentralorgan der SED) es bis zum stellvertretenden Chefredakteur geschafft hat, ist ein Beispiel für Umdenken.

Man kann davon ausgehen, dass Nazi-Verbrecher in der DDR enttarnt wurden. Die DDR war kein guter Ort für solche Leute. Der ehemalige SS-Arzt Horst Fischer, der in Auschwitz tätig war, wurde 1965 enttarnt und 1966 wurde das Todesurteil gegen ihn in Leipzig vollstreckt.

Die Todesstrafe wurde in der DDR erst 1987 per Gesetz abgeschafft. Es gab 166 Todesurteile.

Die letzte Hinrichtung fand am 26. Juni 1981 gegen einen Hauptmann der DDR-Staatssicherheit statt.

Die Jahre bis 1971 waren nicht nur Aufbaujahre, es stellte sich durch fleißige Arbeit ein gewisser Wohlstand ein. Das Motto: »So wie wir heute arbeiten, werden wir morgen leben« begann sich zu bewahrheiten.

Im anderen Deutschland gab es Leute, die sehr früh von einem »Roten Wirtschaftswunder« sprachen. Der Osten wurde durch westdeutsche Journalisten aufmerksam beobachtet und bereist. Die mangelnde Fähigkeit, den Osten des Landes einzuschätzen, bleibt dem Westbürger ein ewiges Geheimnis.

Walter Ulbricht, ein durchaus lernfähiger Stalinist, machte eine bemerkenswerte Lernkurve durch. Er musste von Beginn an politische Auseinandersetzungen im eigenen Kreis und mit den sowjetischen Genossen austarieren. Der Arbeiteraufstand von 1953 in der DDR, der Aufstand 1956 in Ungarn und der »Prager Frühling« von 1968 waren Grund genug.

Das halbherzige Abrechnen des sowjetischen KP-Chefs Nikita Chruschtschow mit seinem Vorgänger Stalin brachte 1956 nicht wirklich frischen Wind.

Der Aufstand in Ungarn wurde wieder niedergeschlagen und viele Hoffnungen von Intellektuellen in allen sozialistischen Ländern mussten bis auf Weiteres verschoben werden.

In der SED gab es eine Gruppe um den Philosophen Wolfgang Harich. Diese Gruppe legte ein Konzept für eine Reform von Partei und Staat vor. Diese Aktion endete 1957 mit langjährigen Haftstrafen.

Walter Ulbricht entfernte sich immer weiter von den sowjetischen Genossen. Es wurde ihm klar, dass die Genossen in Moskau nicht die Fähigkeiten hatten, aus den Entwicklungen in Wissenschaft und Technik die notwendigen Konsequenzen abzuleiten. Nur ein angemessenes Reagieren auf die Herausforderungen der wissenschaftlich-technischen Revolution konnte verhindern, das die Diskrepanzen im Lebensstandart von Ost und West nicht weiter auseinanderdriften.

Walter Ulbricht umgab sich zunehmend mit jungen Leuten aus Wirtschaft, Wissenschaft und Technik. In Einzelgesprächen erörterte er den Gedanken einer deutsch-deutschen Konföderation mit dem Akzent auf wirtschaftlicher und wissenschaftlich-technischer Zusammenarbeit. Es ging ihm dabei nur darum, die Lebensfähigkeit der DDR zu erhalten. Am Ende seiner Amtszeit bewies er eine Weitsicht, die ihm kaum jemand zugetraut hatte.

1970 hielt er auf der Ostseewoche in Rostock vor Experten eine Rede zu Wirtschaftsfragen. Es ging um das »Neue Ökonomische System« in der DDR. Er sprach marktwirtschaftliche Elemente an und die Eigenverantwortung der Betriebe. Diese Rede wurde in der Presse nur mit einer Kurznotiz erwähnt. Ulbricht zog das Mistrauen der Hardliner im Politbüro auf sich und den sowjetischen Repräsentanten blieb ohnehin nichts verborgen. Die Entmachtung Ulbrichts wurde von seinem Ziehsohn Erich Honecker, Erich Mielke und Leonid Breschnew eingefädelt.

Breschnew bestärkte Honecker in dem Plan, die Nachfolge von Ulbricht anzustreben. Erich Honecker war der ZK-Sekretär für Sicherheitsfragen mit entsprechenden Weisungsbefugnissen. Er befahl den Leuten der Hauptabteilung Personenschutz, ihn von seinem Jagdsitz Wildfang zum Sommersitz Ulbrichts nach Dölln zu begleiten. Honecker wies an, zur normalen Ausrüstung auch Maschinenpistolen mitzunehmen. Vor Ulbrichts Residenz angekommen, berief sich Honecker gegenüber dem Kommandanten auf sein Weisungsrecht. Er ordnete an, alle Tore und Ausgänge zu besetzen und die Nachrichtenverbindungen zu kappen. Honecker war entschlossen, seinen Ziehvater festzusetzen.

Nach eineinhalbstündiger harter Auseinandersetzung resignierte Ulbricht, verlassen von Moskau und der Mehrheit des Politbüros. Er unterschrieb das geforderte Rücktrittsgesuch an das Zentralkomitee.

Die Entmachtung Ulbrichts fand am 3. Mai 1971 vor dem 8. Parteitag der SED im Juni 1971 statt. Die Sowjets hatten nun wieder einen treuen Freund an der Spitze der DDR-Führung und der Sozialismus nach sowjetischer Lesart konnte fortgesetzt werden.

Auf dem 8. Parteitag wurde die Einheit von Wirtschaft- und Sozialpolitik bekräftigt und die Lösung des Wohnungsproblems als soziale Frage wurde zur Hauptaufgabe.

Dagegen ist überhaupt nichts zu sagen, denn es gelang letztlich.

Als das große Wohnungsbauprogramm auf dem 8. Parteitag verkündet wurde, soll ein Genosse aufgestanden sein mit der Frage: »Wie soll denn das bezahlt werden«?

Der Parteitag ging danach in eine Pause. Nach der Pause soll wieder ein Genosse aufgestanden sein mit der Frage: »Wo ist der Genosse, der vor der Pause die Frage gestellt hat?«

Die Propaganda in der Honeckerzeit wurde nicht vernünftiger, eher primitiver. Man kann einem klugen Volk, das einen ganz konkreten Alltag erlebt, nicht ständig mit stumpfsinnigen, inhaltsleeren und langweiligen Phrasen begegnen.

Es gab das erfundene oder tatsächliche Beispiel eines sowjetischen Bauarbeiters namens Bassow, das für unfallfreies Bauen stand. Die Propaganda sprach von der Bassow-Methode. Der Volkswitz der Bauarbeiter der DDR machte daraus einen Leipziger Bauarbeiter, der auf dem Bau »Bass uff« gesagt haben soll – im Hochdeutschen heißt das: »Pass auf und sei vorsichtig.«

Im Sprachraum der Sachsen wird wenig mit Konsonanten gearbeitet, bzw. sie werden verkürzt ausgesprochen. Die Eierteigwarenindustrie soll die Abpackungen für Buchstabensuppen für diesen Sprachraum geändert haben. Konsonanten werden dort einfach nicht so oft gebraucht.

Die sowjetischen Genossen lasen im Buch des Marxismus wie in einem Kochbuch. Die Verstaatlichung von Betrieben und die Kollektivierung der Landwirtschaft war für sie eine der wichtigsten Aufgaben. Es ist sicherlich richtig, die Allmacht von Großkonzernen unter Kontrolle zu haben, die Enteignung von kleinen und mittelständischen Betrieben kann allerdings ein großes Durcheinander verursachen.

Unter Erich Honecker wurden 1972 noch einmal 12.000 Betriebe verstaatlicht. Diese Betriebe produzierten 40% der Konsumgüter der DDR.

Dieses Vorgehen bedeutete nicht das Aus für diese Betriebe, die Vorzeichen hatten sich allerdings geändert.

Aus dieser Organisation der DDR-Wirtschaft und Landwirtschaft entwickelten sich zwangsläufig immer wieder neue Ideen und Formen. Es gab Eigentumsformen mit staatlicher Beteiligung, die HO, den Konsum, die PGH, die KG und die LPG.

Trotz aller radikalen Maßnahmen gab es Genossenschaftseigentum, Volkseigentum und Privateigentum.

Die Verpflichtung der Großbetriebe, 5% ihrer Leistung der Konsumgüterproduktion zu widmen, war ökonomisch nicht sinnvoll, aber eine logische Konsequenz. Der Bedarf an Konsumgütern stieg permanent.

Der Wirtschaftslenker der DDR, Günter Mittag, genoss das Vertrauen von Erich Honecker. Genosse Günter Mittag vergatterte die Generaldirektoren der Großbetriebe und Kombinate zu hohen Leistungen mit begrenzten Investitionen. Bei jeder Regel gibt es auch Ausnahmen. Bestimmte Betriebe, wie der weltgrößte Exporteur von Eisenbahnwaggons, Halle-Ammendorf, konnten sich schon mal auf seine Weise durchsetzen.

Wenn Günter Mittag einen Beratungsraum betreten hat, soll die Raumtemperatur gesunken sein.

Die DDR-Wirtschaft florierte von 1965 bis 1982 auf vielen Gebieten und hatte daher einen ganz normalen Devisenhunger. In Statistiken wurde die DDR mal an 9. Stelle und mal an 13. Stelle der Industrienationen geführt.

Einige Fakten im innerdeutschen Handel in loser Folge

In keinem Land der Welt werden alle Dinge, die die Wirtschaft und die Bevölkerung brauchen, umfassend und alleine hergestellt. Man braucht dazu einen Handelsaustausch auf dem Marktplatz der Welt. Die DDR hatte bekanntlich eine Inlandswährung, die auf dem Weltmarkt nicht gehandelt wurde. Sie war nicht frei konvertierbar. In den Handelsbeziehungen kam es darauf an, auf welchen Preis man sich für die angebotenen Waren einigen konnte. Zu Beginn einigte man sich auf Verrechnungssätze, die einem Verhältnis von 1:1 entsprachen. Die Entwicklung zeigte aber bald, dass die DDR 4 Ostmark für 1 Westmark aufwenden musste. Die Gründe dafür waren vielschichtig.

Wenn ein guter Kaufmann einen anderen Kaufmann über den Tisch zieht, sorgt er dafür, dass die Wärme, die bei dieser Reibung entsteht, als angenehm empfunden wird. Das gilt für jeden guten Kaufmann.

In der DDR war von ihrem Anfang bis zu ihrem Ende kein Mangel größer, als der an Devisen. Dieser notorische Mangel erklärt zu Teilen völlig unvernünftige Handelsgeschäfte mit dem anderen Deutschland und in der Welt.

Der Druck, Devisen erwirtschaften zu müssen, setzte manchmal kaufmännische Regeln außer Kraft. Vor und nach dem Mauerbau war der Handelsplatz »Leipziger Messe« der Platz, wo aus Ostprodukten, Westprodukte wurden.

Der Handel zwischen Ostdeutschland und Westdeutschland lief unauffällig und leise ab. Er wurde durch keine politischen Aktionen gestört. Für zwei Staaten, die sich auf internationaler Bühne nicht anerkannten, ist das schon erstaunlich.

6.000 Firmen aus der Bundesrepublik Deutschland benutzten Ostbetriebe als ihre verlängerte Werkbank. Es wurden Möbel, Bekleidung aller Art, Elektrokleingeräte, Fototechnik, Kühlschränke, Kinderspielzeug, Kinderwagen, Bettwäsche, Porzellan, Musikinstrumente etc. über die westdeutschen Handelshäuser vertrieben, ohne dass sie als Ostprodukte gekennzeichnet waren. Sie waren Eigenmarken der Handelshäuser » Quelle«, »Neckermann«, des »KaDeWe« oder von »Karstadt«. Der Handel mit Milch, Butter, Fleisch, Gemüse, Obst und Blumen machte jährlich 200 Millionen Deutsche Mark aus.

Da ja Westberlin mitten im Herzen der DDR lag, kann man davon ausgehen, dass die Stadt immer gut versorgt war. Es gab politisch keine Probleme, da man Westberlin als gleiches Währungsgebiet wie die BRD ansah. Diese Handelsgeschäfte wurden von der Treuhandstelle für den Interzonenhandel auf westdeutscher Seite und dem Außenhandel der DDR abgewickelt und kontrolliert. Alle 14 Tage trafen sich die Kaufleute beider Seiten. Es ging bei diesem Handel um Milliarden.

Da die westdeutsche Seite eine klare Übersicht über die DDR-Produktion erlangen konnte, wurde von einer 50 %-Quote gesprochen, die der Außenhandel der DDR in den Westen lieferte. Die ostdeutsche Seite sprach von 30 %.

Dieser Umfang war dem DDR-Bürger nicht bekannt. Er bemerkte nur die eine oder andere Lücke in der eigenen Versorgung.

In Betrieben, die für den Export arbeiteten, wurde ein

bestimmtes Kontingent für die Belegschaft zur Verfügung gestellt, um die Unruhen zu dämpfen.

Die westdeutschen Handelspartner rissen sich gerade zu um die Produkte aus dem Osten. Ostprodukte wurden ihrer hohen Qualität wegen gelobt. Sie wurden zollfrei und Umsatzsteuerfrei eingekauft.

Die in der Planwirtschaft der DDR hergestellten Produkte wurden auch hin und wieder auf Wunsch so modifiziert, dass das Produkt den höchsten modischen Ansprüchen des Westens genügte. Bestimmte Produkte konnten die westdeutschen Handelspartner auf der ganzen Welt nicht billiger einkaufen.

Die berühmte Kittelschürze aus Dederon gehörte auch dazu. Es ist vorgekommen, dass plötzlich 10 Millionen Kittelschürzen auf Lager waren. Offensichtlich hatte jemand vergessen, die Maschine für die Produktion von Kittelschürzen anzuhalten. Da alle DDR-Frauen gut mit Kittelschürzen ausgestattet waren, wurde dieser Posten einem westdeutschen Kaufmann angeboten. Der schluckte natürlich auch erst einmal. Seine Idee, ein Dreierpaket, bestehend aus einer Kittelschürze, einer Wickelschürze und einer Halbschürze für 9,90 DM anzubieten, bescherte ihm einen Umsatz von ca. 30 Millionen DM in kürzester Zeit. Wenn man für Pfennigbeträge einkauft, muss so ein Geschäft ein gutes Gefühl erzeugen.

Ein anderes Beispiel gibt es bei Geschirrtüchern und Oberhemden. Es wurden Oberhemden zu einem Stückpreis von 0,65 DM eingekauft und auf dem westdeutschen Markt verschleudert.

Solche Beispiele führten dazu, dass die westdeutsche Wirtschaft Einfuhrbeschränkungen forderte, um nicht selbst in Absatzschwierigkeiten zu geraten.

Ein sehr gutes Geschäft machte der westdeutsche Möbelimporteur »RKL-Möbel«. Der Umsatz entwickelte sich von 1966 mit 2 Millionen DM, 1972 mit 77 Millionen DM, 1980 mit 100 Millionen DM und 1986 mit 140 Millionen DM. Die Möbel konnten auf dem westdeutschen Markt für die Hälfte des üblichen Preises verkauft werden.[6]

Die Strumpfhosenfabrik »ESDA« lieferte jährlich 217 Millionen Paar Strumpfhosen in die BRD. In der DDR kostete eine Strumpfhose 9,50 Mark. Im Westen Deutschlands ging ein Zehnerpack für 14,50 DM über den Ladentisch. Die eine oder andere Strumpfhose kam im Westpaket als Geschenk zurück. Die Strumpfhosen, die so manche DDR-Frau an ihren Mann als Ersatz für den defekten Keilriemen des Trabants abtreten musste, seien hier nur wegen ihrer Robustheit erwähnt.

Dieser Trick soll auch beim VW-Käfer funktioniert haben. Die Dederonfaser war eine hervorragende Entwicklung der Chemieindustrie der DDR. Sie war so robust wie der DDR-Bürger selbst.

Mein Kollege Joachim Breitner trottete seinem selbst gebauten Rasenmäher hinterher und war erschrocken, als dieser in Richtung Baumkrone abhob. Seine Tochter hatte zuvor im Garten mit ihrem Springseil aus Dederon gespielt, wobei ein Ende sich in der Baumkrone verfing und das andere im hohen Gras lag.

Im innerdeutschen Handel ging es ohne Kuriositäten nicht ab. Ein Mitarbeiter des Außenhandels der DDR verkaufte hochwertige Gartenmöbel an einen Vertreter eines

---

6 Doku: Anne Worst; Ostprodukte im Westregal, https://www.mdr.de/tv/programm/sendung808972.html von 09.10.2018

Heizkesselherstellers in Berlin-West. Der Außenhandelsmitarbeiter wurde seine Heizkessel sofort los. Der Vertreter aus Berlin-West brauchte etwas länger, um seine Gartenmöbel an den Mann zu bringen. Das Geschäft gelang natürlich, weil sich der Laubenpieper West nicht vom Laubenpieper Ost unterscheidet.

1973 ging bei der westdeutschen Firma »Salamander« ein Anruf vom Außenministerium der DDR ein. Der Mitarbeiter Herr Herzer fragte an, ob Salamander vor Weihnachten noch 200.000 Paar Schuhe liefern könne. Die ostdeutsche Seite konnte nicht wissen, dass Salamander auf Bergen von Schuhen saß. Das Geschäft kam zustande und wurde 1974 mit einem Umsatz von 40 Millionen DM wiederholt.

Die DDR wollte in den Folgejahren nicht immer wieder solche Summen aufbringen und so kam es zur Gestattungsproduktion von Salamander in Sachsen-Anhalt.

Das Schuhzentrum der DDR war in Weißenfels mit einem jährlichen Produktionsvolumen von 90 Millionen Paar Schuhen. Für die Produktion von Salamanderschuhen mussten neue Maschinen gekauft werden und die Produktion wurde von Salamanderinstrukteuren überwacht. Diese Schuhe wurden in bestimmten Verkaufseinrichtungen zu einem Preis von bis zu 150 Mark der DDR verkauft. Solche Preise waren für DDR-Schuhe undenkbar.

In der Wendezeit 1989 war eine gemeinsame Zukunft von der Salamanderseite ausgeschlagen worden. Es war eine Konkurrenzsituation entstanden.

Der Einbau des 4-Takt VW-Motors in den Wartburg war eine Einzelentscheidung des Wirtschaftssekretärs der SED, Günter Mittag. Wenn Politiker so direkt in die Wirtschaft eingreifen, kann schon mal ein Milliardengrab dabei herauskommen.

Der Wartburg war ein hervorragendes Auto seiner Zeit. Es wurden 113.000 Wartburg in alle Welt exportiert. Die jährliche Produktion belief sich auf 32.000 Fahrzeuge, von denen 7.200 in der DDR verblieben. Die Hauptabnehmer waren Belgien, Griechenland, England und weitere Länder, vom Nordkap bis in die Wüstenstaaten.

Das Automobilwerk Eisenach musste die Produktion des EMW aus Lizenzgründen nach 1953 einstellen. Der EMW war baugleich zum BMW aus Bayern. Es musste ein neues, richtig gutes Auto her.

Dieses Vorhaben gelang mit dem Wartburg 311, der 1956 als Sensation auf der Leipziger Messe ausgestellt wurde. Zum Automobilbau gehört natürlich auch die Teilnahme an Autorennen.

Der Wartburg landete 1958 auf dem Nürburgring in der Formel Zwei mit dem Rennfahrer Paul Tiel vor Porsche. Der letzte Rallyegewinn für Wartburg war tatsächlich 1990 und fiel mit der Schließung des Eisenacher Automobilwerkes zusammen.

Der Wartburg war ein Exportprodukt und konnte nach internationalen Bestimmungen ab 1978 nur noch als 4-Taktvariante exportiert werden.

Die Planauflage von 1978 für das EAW schrieb die Produktion von 7.500 Wartburg vor, obwohl kein 4-Taktmotor zur Verfügung stand. Die Eisenacher Motorenentwickler arbeiteten schon seit 1959 an einem 4-Taktmotor. Diese Arbeiten wurden gestoppt, 1968 neu aufgelegt, um sie dann 1972 ganz einzustellen. Es sollte ein Einheitsauto für die sozialistischen Länder im Rahmen des RGW entwickelt werden.

Diese Vorgänge ändern aber nichts daran, dass der 4-Takt-Motor 400 mit 1,6 L/82 PS und oben liegender Nockenwelle in Eisenach entwickelt wurde.

Er wurde nur nicht in den Wartburg eingebaut.

Der Wartburg fiel 1979 für den Export aus, 1983 lief der 1-Millionste Wartburg vom Band und 1984 fällte Günter Mittag seine unsägliche Entscheidung, einen veralteten VW-Motor in den Wartburg einzubauen. Der Motor konnte nur quer eingebaut werden. Das machte erforderlich, den gesamten Vorderwagen umzubauen und ein neues Getriebe musste entwickelt und gebaut werden.

Der Neubau des Automobilwerkes Eisenach hätte zwischen 4 bis 5 Milliarden DDR-Mark gekostet. Der Aufwand mit dem VW-Motor kostete 7,258 Milliarden DDR-Mark. Im Innerdeutschen Handel hatte VW also die Nase vorn.

Lohnarbeit für westdeutsche Unternehmen war in der DDR nicht ungewöhnlich. Nach einem Handelsvertrag mit VW wurden Motoren für den Polo und den Golf gefertigt.

In der Schokoladenindustrie der DDR erblickte so manche Westschokolade das Licht der Welt. Es gab natürlich auch hervorragende Schokoladenprodukte im Osten des Landes. Die Entwickler vom VEB »Zetti« brachten eine Tafel brauner Farbe auf den Markt, 100% ohne Kakao. Es war die »Schlager Süßtafel«, die heute noch ihre Freunde hat und keinen Deviseneinsatz erforderte.

Der Erfurter Kondomhersteller »Mondos« stellte seine Produktion auf Kautschuk um. Aus diesem Grund mussten neue Maschinen in der BRD gekauft werden. Die Bezahlung dieser Maschinen wurde mit der Lieferung von 30 Millionen Stück Kondomen beglichen.

Das Kondom von »Mondos« ist wahrscheinlich das einzige Exportprodukt, das keine Versorgungslücke in der DDR hinterlassen hat.

In der Devisenbeschaffung hatte die Moral es immer schwer. Westdeutsche Pharmakonzerne konnten noch nicht freigegebene Medikamente in der DDR testen lassen. Diese Vorgänge wurden durch ostdeutsche Mediziner begleitet. Man muss davon ausgehen, dass diese Dinge besonders gut kontrolliert wurden.

Auf den Schiffen der Hochseefischerei kamen die Fischverarbeitungsmaschinen der Firma Baader aus Lübeck zum Einsatz. Es waren hochwertige Geräte, die leider nicht nachgebaut werden konnten. Sie wurden regulär gekauft und bezahlt.

Die Fischereifahrzeuge der DDR fuhren ab 75 Mann Besatzung mit einem Arzt an Bord. Zu aktiven Zeiten der Hochseefischerei der BRD war es den Kapitänen bekannt, dass sie im Notfall von DDR-Schiffen ärztliche Hilfe bekommen konnten. Unsere Schiffsärzte leisteten humanitäre und unentgeltliche Hilfe. Diese Millionen waren verschenkt.

Während meiner Fahrenszeit wurde einem französischen Seemann geholfen. Er schenkte unserem Schiff aus Dankbarkeit einen Außenbordmotor der Marke »Johnson« für unsere Schlauchboote.

Unsere Schlauchboote fuhren mit dem Außenbordmotor »Forelle 6« von Schiff zu Schiff, um Post aus der Heimat und Versorgungsgüter zu übernehmen. Mit solchen Schlauchbooten wurde die gesamte Besatzung des pakistanischen Frachters »Island Queen« aus Seenot gerettet. Die Bedingungen für diese Rettung waren Windstärken von 8 bis 9, Wellen von 9 bis 10 Metern und es war dunkle Nacht (Rettung durch ROS 337 »Ludwig Renn« / »Hiev up«).

Die Hochseefischerei der DDR war auf allen Weltmeeren unterwegs. Da sich die Fischereibedingungen im Laufe der Jahre dramatisch änderten, stellte die BRD die Hochseefischerei ein und kaufte Fisch auf dem Weltmarkt. Für die DDR kam das nicht in Frage. Es entwickelte sich ein reger Fischverkauf und Ankauf. Dem DDR-Bürger konnte man nicht jeden Fisch anbieten, der gefangen wurde. Er bekam aber trotzdem seine gewohnten Sorten.

Es wurden Geschäfte mit afrikanischen Ländern gemacht und auch mit Kanada, Neufundland und Nordschottland. Das Können der Besatzungen beeindruckte die ausländischen Partner. Zum Abschluss eines Geschäftes mit den Neufundländern wurde ein Fangleiter bei einem

Galadinner gefragt: »Wer ist denn eigentlich dieser Mister VEB?«[7]

Das Kilogramm Hering kostete zu Beginn der DDR und vor ihrem Ende 1989 1,44 Mark der DDR. Die Fischerei hatte, wie viele Betriebe, einen Versorgungsauftrag.

Bei der Bekleidungsindustrie hatte man neben dem Versorgungsauftrag, oft vergessen, den modischen Chick mit in Auftrag zu geben. Dass das auch möglich war, ist tausendfach bewiesen.

In der Fotoindustrie gab es keine Stützungen. Hier musste man schon mal einen halben Monatslohn für eine gute Pentacon-Kamera ausgeben.

Die Kameras aus Dresden waren weltweit begehrt. Unter verschiedenen Namen wurden sie in der Bundesrepublik Deutschland vertrieben. Nachdem im Jahr 1970 der letzte westdeutsche Hersteller Pleite machte, kamen die Kameras ausschließlich aus Dresden. Hauptabnehmer waren die BRD, die USA, die Niederlande und Schweden. Ein USA-Vertreter bestand darauf, die Gravur »Germany« zu entfernen. Ein selbstständiger Feinmechaniker aus Dresden wurde damit beauftragt. In seiner Rechnungsstellung hieß es: »1200 Kameras entgermanisiert.«

Im Devisengeschäft mit der BRD verdiente »Pentacon« sehr gutes Geld. Die Bandmontage bei »Pentacon« war die erste in der Welt. Alle 90 Sekunden verließ eine Kamera das Band.

Die Japaner waren schon ab 1949 zu Gast in Dresden und bauten die Kameras mit allen Fehlern nach. Es ist klar, dass sich der Entwickler, der diese Kamera sofort nach

7 aus »Fischgründe« – 60 Jahre Fischwirtschaft in Rostock Marienehe, Bundesverband Fisch Hamburg.

dem Krieg wieder auf den Markt brachte, darüber amüsierte.

DKK Scharfenstein exportierte Kühlschränke und Kühltruhen in die Welt und natürlich auch in die BRD. An einem Kühlschrank blieb ein Gewinn von 58 DM kleben. Es wird berichtet, dass ein größerer Posten Eier für einen Westpfennig pro Stück verkauft wurde. Das muss kein Aufreger sein, denn wenn die Produktion mal angelaufen war, gab es kein Halten mehr. Die Eier wären für die DDR teurer geworden, wenn man Kühlkapazitäten zur Haltbarmachung aufgewendet hätte.

Die Massenproduktion von Geflügel, Broilern und Eiern war dem Kombinat KIM zu verdanken (»Kombinat Industrielle Mast« oder »Köstlich Immer Marktfrisch«).

Eine außerordentlich wichtige Quelle der Devisenbeschaffung war der Transitverkehr zwischen Ost- und Westdeutschland sowie Ost- und Westberlin.

Die Verkehrswege, Raststätten und Tankstellen waren darauf abgestimmt. Ein westdeutscher Autofahrer konnte sich keine Geschwindigkeitsüberschreitung leisten. Wenn ein Trabant mit 105 km/h bei einer Geschwindigkeitsbegrenzung von 100 km/h stolz vorbei fuhr, musste ein westdeutscher Autofahrer bei 101 km/h Strafe bezahlen.

Die Volkspolizei war bei solchen Gelegenheiten nicht gesprächsbereit. Der Volkspolizist besaß in der gesamten DDR und auf den Transitstrecken eine hohe Autorität. Die unterste Ebene der Polizeistruktur war der Abschnittsbevollmächtigte. Der ABV im Stadtteil meiner Kindheit war Opa Graf. Ein gutmütiger älterer Mann, der mit seinem Fahrrad fuhr und für Sicherheit und Ordnung sorgte. Wir

Kinder ließen ihm hin und wieder die Luft aus den Reifen. Opa Graf war nicht doof, er ermittelte den einen oder anderen Täter.

Die Polizei war jedenfalls auf Straßen und Plätzen präsent. Polizisten, die mit dem Auto unterwegs waren, wurden schon mal ermahnt, nicht zuviel Benzin zu verbrauchen. Zwei verantwortungsvolle Polizisten vom Revier Berlin-Mitte fuhren eine Nachtschicht rückwärts und kamen mit 11 km minus im Fahrtenbuch zurück.[8]

Der letzte Innenminister der DDR, Herr Peter Michael Diestel, bat Anfang 1990 seinen Amtsbruder im Westen, Herrn Wolfgang Schäuble, um Unterstützung bei der Einschätzung der Volkspolizei. Herr Schäuble schickte einen ausgewiesenen Fachmann, theoretisch wie praktisch, aus Bayern zur Klärung dieser Frage. Nach drei Tagen war klar, das nichts geändert werden dürfe. Dieser Fachmann staunte über die Organisation des Polizeiapparates.

Die Polizei war treffsicher in ihren Entscheidungen.

Es begab sich, dass drei Jugendliche, leicht angetrunken, morgens um drei Uhr einen Kreisverkehr rückwärts durchfuhren. Ein dazukommender Autofahrer staunte kurz, konnte einen Auffahrunfall aber nicht vermeiden. Ohne Polizei war der Sachverhalt nicht zu regeln.

Die herbeikommende Polizei kontrollierte den Aufgefahrenen und stellte 1,1 Promille fest. Einer der Polizeibeamten ging zu den Jungs und sagte: »Wir haben beim Unfallgegner Alkohol festgestellt.« Er tippte sich mit seinem Zeigefinger an die Stirn und sagte weiter: »Der will uns

---

8 Doku: ARD; »Achtung! Volkspolizei«; https://www.youtube.com/watch?v=a0H3xzqaj4Y

erzählen, ihr seit rückwärts gefahren – fahrt nach Hause, die Sache ist klar.«

Die Transitraststätten, Transittankstellen und Parkplätze wurden natürlich von Polizei und Staatssicherheit überwacht. Diese Einrichtungen waren für westdeutsche Bürger eingerichtet worden. Es konnte sich auch mal ein ostdeutscher Bürger dorthin verirren, wenn er Appetit auf ein Steak mit Pilzen hatte.

Durch die Regelungen im deutsch-deutschen Besucherverkehr wurde es immer interessanter, Devisen zu generieren. Die Mitropa hatte schon im Jahr 1962 einen Umsatz von 1 Million DM zu verzeichnen. Die Gäste aus dem Westen kauften Zigaretten, Alkohol und Kraftstoff unter Wert. Man konnte es sich mit West-DM im Osten sehr gut gehen lassen. Es ist bedauerlich, dass man nicht auf Vorrat essen kann.

Es wurde ein Tageszwangsumtauschsatz für Besucher aus dem Westen eingeführt. Bei dem zunehmenden Besucherstrom, war das vernünftig.

Die Qualität der Valutaeinnahmen wurde 1967 mit der Eröffnung des ersten INTERSHOPs in der Lutherstadt Wittenberg auf eine neue Stufe gehoben.

»Das gegenwärtige Geld lässt den gegenwärtigen Gott gering schätzen« – so Martin Luther.

Im Transitverkehr und im Interhotelbereich gab es Berufsgruppen, die ihr Gehalt deutlich aufbessern konnten.

Eine Toilettenfrau konnte auf einer Transitraststätte bis zu 1.500 DM pro Monat Trinkgeld bekommen.

Da die ganze Angelegenheit von der Staatssicherheit überwacht wurde, konnte die Toilettenfrau diese Summe 1:1 in DDR-Mark umtauschen.

Das Transitabkommen zwischen der DDR und der BRD trat 1971 in Kraft. Bis dahin waren 267 Millionen DM umgesetzt. Der Intershophandel wuchs und wuchs. Die Beschäftigten in dem Bereich bekamen monatlich 20 DM, die sie 1:1 umtauschen konnten.

Mit dem Beginn dieser Entwicklung 1960/62 war der Besitz von Westgeld dem DDR-Bürger verboten. Das Land DDR wurde 1974 offiziell ein Land mit zwei Währungen, in dem den Bürgern der Besitz von DM-West erlaubt wurde. Geldgeschenke aus der BRD oder anderes, frei konvertierbares Geld konnte angenommen werden. Ein freies Tauschen war allerdings untersagt. Dieses freie Tauschen konnte aber nicht unterbunden werden. Der Kurs entwickelte sich schnell von 1:4 bis 1:10. Am 16.04.1979 wurden dann sogenannte Forumschecks eingeführt. Der DDR-Bürger musste nun sein Westgeld auf einer Bank in Forumschecks eintauschen. Wenn ein DDR-Bürger mit seinen Forumschecks einkaufen ging und die Rückerstattung des Geldes war zu kleinteilig, so bekam er den Rest z. B. in Kaugummistreifen. Der BRD-Bürger bekam, so wie es üblich ist, seine Restpfennige. Die Banken der DDR hatten die Restpfennige des DDR-Bürgers schon einbehalten.

Es war nicht die Mehrheit der Bürger, die das betraf, es war allemal in jeder Hinsicht ärgerlich.

Ein großer Teil der Devisenbeschaffung für die DDR lief im größeren Stil über die Abteilung KORMERZIELLE KOORDINIERUNG (KoKo) im Außenhandelsministerium.

Der Leiter des Bereiches KoKo, Alexander Schalck-Golodkowski (Offizier im besonderen Einsatz der Staatssicherheit), war in diesen Angelegenheiten weltweit unterwegs.

Seine direkten Vorgesetzten und Weisungsverantwortlichen waren Erich Honecker und Günter Mittag. Dieses gesamte Netzwerk wurde von der Staatssicherheit, Abteilung Hauptverwaltung(HVA), kontrolliert. Seit der Existenz von KoKo wurden über diesen Bereich jährlich 2 Milliarden DM erwirtschaftet und insgesamt 28 Milliarden DM für den normalen Geschäftsbereich. Die Geschäfte des Bereiches KoKo waren zu 85 % international üblich.

Es handelte sich um Brennstoffe, Kraftstoffe, Baustoffe, Lebensmittel, Blutplasma und Entsorgung von Westmüll. Es mag erstaunen, dass Baustoffe und Bauleistungen für den sozialen Wohnungsbau in den Westen gingen. KoKo hatte seit Beginn ihrer Existenz eine wirtschaftliche Sonderrolle. Darüber hinaus gab es selbstverständlich noch viele andere Bereiche des Außenhandels der DDR.

Die Handelsbeziehungen wurden seit 1972 auch durch den Grundlagenvertrag zwischen den beiden deutschen Staaten begleitet. Es handelt sich hier um einen Vertrag politischer Natur.

Die Situation beider deutscher Staaten sorgte dafür, dass ein zinsloser Kreditrahmen ausgehandelt war, der sogenannte »Swing«. Dieser Wirtschaftsvertrag galt schon seit 1951. Offensichtlich ist wirtschaftliches Denken immer etwas im Verborgenen angesiedelt.

Einmal hatte die eine Seite einen Importüberhang und einmal die andere Seite. Für die DDR entwickelte sich dieser Importüberhang aber bis an den Rand der vereinbarten Kreditlinie.

Laut diesem Vertrag mussten Waren in »harte« und »weiche« deklariert werden. Es gab dafür zwei verschiedene Konten. Es sollte nicht sein, dass Erzeugnisse der westdeutschen Stahlindustrie mit ostdeutschen Strümpfen bezahlt wurden. Bei allem Handel zwischen den beiden deutschen Staaten blieb das westdeutsche Wirtschaftsembargo gegen die DDR bestehen.

Wenn es mit bestimmten Waren Probleme gab, konnten Geschäftsabwicklungen schon mal über die Schweiz, Österreich oder Dänemark laufen.

Der Kauf des Passagierschiffes »Astor«/»Arkona« ging zum Beispiel über Südafrika und eine dazwischen geschaltete Agentur.

Die DDR hatte 1983 einen einseitigen Importüberhang von 850 Millionen DM. Es wurde immer schwieriger, mit den Entwicklungen auf dem Weltmarkt mitzuhalten. Erdöl und Rohstoffe wurden immer teurer. 1983 war das Jahr, in dem der Genosse Schalck-Golodkowski den 1-Milliardekredit mit Franz Josef Strauß einfädelte. Einer der Männer im Hintergrund war der Freund von Franz Josef Strauß, Josef März. Die Firma »Marox« von Josef März machte außerordentlich margenträchtige Geschäfte mit dem Fleischhandel der DDR. Es gab gute Beziehungen zwischen März und Schalck-Golodkowski. Josef März machte die Herrn Franz Josef Strauß und Alexander Schalck-Golodkowski miteinander bekannt. Es gab dann Verhandlungen zwischen beiden Seiten.

Für diese Verhandlungen und einem Besuch bei Erich Honecker steuerte Strauß einen Privatflieger eigenhändig in den Osten.

Franz Josef Strauß war der Meinung, wenn man etwas mit Geld regeln kann, wird nicht geschossen. Mit dieser Meinung stand er nicht alleine.

Die pragmatischen Beziehungen zwischen Alexander Schalck-Golodkowski und Franz Josef Strauß waren etwas

Besonderes in den Beziehungen der beiden deutschen Staaten. Der Importüberhang der DDR im Swingvertrag wurde bis 1989 abgebaut.[9]

Der 1–Milliarde-Kredit mit 5 % Zinsen und einer Laufzeit von 5 Jahren wurde vollständig und pünktlich zurückgezahlt.

Der Milliardenkredit war ein Politikum. Er diente als Türöffner bei den internationalen Banken und für die Kreditwürdigkeit der DDR. Die Abhängigkeit von Krediten der westlichen Banken wurde ab 1982 immer größer.

Auf einem Foto von der Leipziger Messe 1987 sind die Herrn Schalck-Golodkowski, Franz Josef Strauß, Erich Honecker, Theo Weigel und Günter Mittag in illusterer Runde zu sehen. Die Entwicklung in Deutschland ab 1989 hatten diese Herren auf keinen Fall auf dem Zettel.

Helmut Kohl sagte zum Staatsbesuch von Erich Honecker 1987 zu Wolfgang Schäuble: »Schäuble, Sie haben mir das alles eingebrockt!« (Dokumentation »So reiste das Politbüro«)

Dieser Besuch war Erich Honecker von Moskauer Seite untersagt worden. Erich Honecker wurde immer weniger zum Gesprächspartner für Gorbatschow.

Die Einladung von Bundeskanzler Helmut Schmidt für Erich Honecker stand seit 1981. Das dieser Besuch bis 1987 nicht zustande kam, hatte viel mit überflüssigem politischen Gerede zu tun und mit dem Veto aus Moskau.

1987 wussten Erich Honecker und andere Politbüromit-

9 https://de.wikipedia.org/wiki/Swing_(Wirtschaft)#Geschichte, Stand 08.12.2017

glieder über den DDR-Botschafter Harry Ott in Moskau aber schon, dass die Zweistaatlichkeit Deutschlands von einigen führenden sowjetischen Persönlichkeiten in Frage gestellt wurde. Honecker sprach Gorbatschow darauf an.

»Das sind ganz persönliche Meinungen, das ist nicht die offizielle Haltung der Sowjetunion«, so Gorbatschow (ARD-Interview Erich Honecker 1991).

Die Reisediplomatie der Honeckerregierung bis Mitte der 80ger Jahre, über alle Kontinente, konnte der sowjetischen Seite schon nicht gefallen. Beginnend mit Ulbricht war klar, dass die einseitige Ausrichtung zur Sowjetunion weder zu mehr Wohlstand, noch zu mehr Anerkennung in der Welt führte. Der unerlaubte Besuch in der BRD und ein Treffen mit Franz Josef Strauß in München sorgte für größte Verärgerung bei Gorbatschow.

Die Beziehungen und der Handel mit der Sowjetunion

Die DDR war der wichtigste und stärkste Handelspartner der Sowjetunion. Das Warensortiment, das im innerdeutschen Handel üblich war, wurde im Handel mit der Sowjetunion deutlich übertroffen.

Eine Besonderheit waren die Kartoffellieferungen in die Sowjetunion. Wer einmal gesehen hat, wie wochenlang nicht enden wollende Militärfahrzeugkolonnen der Sowjetarmee über die Seehäfen der DDR entladen wurden, wusste, dass die DDR-Landwirtschaft mehrere Länder mit diesem Produkt hätte ernähren können.

Bei einer Fleischlieferung in die Sowjetunion kam ich ganz persönlich in Bedrängnis. Das Kühlschiff »Theodor Fontane« kam mit einer Ladung Bananen nach Rostock. Es wurde entladen und umgehend mit tiefgefrorenen Rinder- und Schweinehälften beladen.

Meine Werkstatt hatte den Auftrag, den Lagerschaden eines Elektroantriebmotors für einen Kühlkompressor zu reparieren. Das war für uns Tagesgeschäft. Das Lager war schon aus Schweden besorgt worden.

Nach der Reparatur wurde das Lager wieder unzulässig warm. Ich musste mich an verschiedenen Stellen dazu erklären. Es konnte nicht sein, dass eine Fleischlieferung in die Sowjetunion in Gefahr geriet.

Das Kühlschiff »Theodor Fontane« war insofern eine

Ausnahme, als es ein Elektronetz von 440 V/60 Hz hatte. Die Drehzahl der Elektromotoren ist um ca. 600 Umdrehungen höher, als bei 380 V/50 Hz. Die Lager solcher Maschinen haben deshalb eine größere Lagerluftgruppe als normal. Bei der Bestellung des Lagers dachte niemand daran. Die Leute, die mich befragt haben, konnten mir dieses Problem natürlich nicht erklären. Das musste ich schon alleine heraus finden.

Der Export in die Sowjetunion war zu 80 % von Maschinen, Industrieanlagen, Schiffen, Eisenbahnwaggons und industriellen Konsumgütern geprägt. Aus der Sowjetunion kamen zum Beispiel vereinzelt Diesellokomotiven, nach einer Leipziger Messe Busse mit stufenlosem Getriebe und Hydraulikfederung, die mit einer Goldmedaille ausgezeichnet waren und auch in geringer Stückzahl Schiffe. Die Diesellokomotive wurde von den DDR-Fachleuten auf »Teigatrommel« getauft, sie war sehr laut und zu schwer für das Schienennetz der Reichsbahn. Die Busse erhielten den Namen »Teigaschaukel« und die Schiffe mussten erst aufwendig auf DDR-Standart hergerichtet werden. Das waren zum Glück immer nur einzelne Versuche. Als der Edelstahl für die Kameras von »Pentacon« in der Sowjetunion eingekauft wurde, wusste man, dass Edelstahl auch rosten kann. Die Sowjetunion war nicht das Land des wissenschaftlichen-technischen Fortschritts, von dem man in technologischer Hinsicht lernen konnte.

Für die DDR war es wichtig, mit Rohstoffen und Halbfertigerzeugnissen beliefert zu werden. Es gibt einen direkten Zusammenhang zwischen den immer weniger und teurer werdenden Rohstofflieferungen aus der Sowjetunion und den existenziellen Problemen in der DDR.

Die Methode der Nähwirktechnik »Malimo« zeigt eine besondere Art des Lernens. Es wurde sowjetische Baumwolle in die DDR importiert. Diese Baumwolle war so kurzfaserig, dass sie vielleicht als Brennstoff hätte dienen können. Ein Kollektiv um den Ingenieur Mauersberger in Limbach-Oberfrohna hatte dieses Verfahren entwickelt und schaffte eine weitere Möglichkeit, auch den Faden dieser Baumwolle zu verarbeiten. Dieses Nähwirkverfahren war ein Welterfolg.

Mauersberger sagte zu einem Kollegen: »Wenn mir einer gesagt hätte, was man mit dieser Erfindung alles machen kann, hätte ich mich selbst für verrückt gehalten.«

Die Produktpalette ging von Abdeckplanen für Flugzeuge über Bettwäsche bis zu Bekleidungsstoffen und mehr.

Die Beziehungen zur Sowjetunion waren im Wesentlichen von sicherheitspolitischem, militärischem und militärbürokratischem Denken und Handeln geprägt.

Das eigentliche Machtzentrum der DDR war das Oberkommando der sowjetischen Streitkräfte in Wünsdorf bei Berlin. Die sowjetischen Berater waren beim Aufbau jeder staatstragenden Säule die Bestimmer. Ein sowjetischer Berater freute sich zu sehen, dass die »Lehrlinge« noch eifriger waren als ihre »Meister«. Diese Freude empfand er zum Beispiel im Zusammenhang mit der »Aktion Rose«[10].

Der Aufenthalt des sowjetischen Militärs kostete die DDR in 40 Jahren 150 Milliarden Mark der DDR. Auf dem Territorium der DDR gab es die höchste Militärkonzen-

10 siehe im Anhang

tration der ganzen Welt. Neben den ungeheuren Mengen an Militärgerät waren insgesamt eine Million Mann unter Waffen. In der Summe waren es die »Rote Armee«, die Nationale Volksarmee, die Polizei, die Staatssicherheit und die »Kampfgruppen der Arbeiterklasse«.

Der Flug und die Landung des 18-jährigen Privatpiloten Mathias Rust am 28. Mai 1987 mit seiner Cessna 172 P auf der großen Moskauer Brücke, unweit vom Roten Platz, hat das strategische Denken der sowjetischen Militärs erschüttert. Die Militärstrategie war damit entwertet. Im Luftraum vor Moskau wimmelte es an diesem Tag von Punkten auf dem Radar. Keiner flog so konsequent nach Moskau wie Mathias Rust. Er flutschte also durch. Rust hatte sich seinen Landeplatz schon ausgeguckt.

Dieser Streich kostete dem Verteidigungsminister und einigen Generälen ihre Posten.

Für die Offiziere und Fähnriche der »Roten Armee« war ihre Stationierung in der DDR das Paradies auf Erden. Es waren die einzigen Personen, die als Militärs in Familie leben konnten. Die vollen Geschäfte und das Warensortiment in den Schaufenstern waren für die sowjetischen Frauen der Kommunismus.

Für einen Sowjetbürger, ob in Uniform oder Zivil, ist die Sowjetunion das am höchsten entwickelte Land des Sozialismus. Diese Überzeugung hält sich allerdings nur so lange, bis man am lebenden Objekt eines Besseren belehrt wird. Sowjetische Offiziere kamen mit ihrem festen Weltbild in die DDR. Es waren 8 Millionen Sowjetbürger, die von 1945 bis zum endgültigen Abzug 1994 als Militärs in Ostdeutschland dienten. Die sowjetischen Militärangehörigen wussten um die historische Belastung der beiden Völker und machten sich nichts vor. Die deutsch-sowjetische Freundschaft war mehr vom DDR-Staat verordnet, als tatsächlich gelebt. Für alle Offiziere waren die Jahre in der DDR die besten ihres Lebens. Es ist natürlich beklemmend, wenn diese Menschen verblüfft waren von dem Warenangebot in den Kaufhäusern.

Eine Offiziersfrau beauftragte ihren Mann, einen bestimmten Hygieneartikel zu kaufen. Um die Sache deutlich zu machen zeigte sie mit Daumen und Zeigefinger und sagte: »Patroni.« Sie meinte Tampons.

Private Handwerker, Einzelhandelsgeschäfte und Gaststätten, die es in der DDR gab, waren im Moskauer System undenkbar.

Ausgenommen von jeder Art von Normalität war der einfache Soldat. Er hatte keinerlei Persönlichkeitsrechte. Sein Schwur lautete auf Treue und Gehorsam für Volk und Vaterland. Er diente zwei Jahre ohne Urlaub und genoss die härteste Ausbildung, die ein Soldat in einer Armee erfahren kann.

Es war Sache der Sowjetunion, den Zustand ihrer Truppen auf deutschem Gebiet als mangelhaft zu bezeichnen.

Die Fakten zu Beginn der Achtziger Jahre waren einfach kriminell. Die Delikte reichten von Verkehrsvergehen, Diebstahl und Raub bis zu Vergewaltigung und Mord. Alle diese Fakten wurden peinlich genau von der Staatssicherheit der DDR notiert. Diese Dinge wurden dem Oberkommando der Sowjetarmee vorgetragen. Die Macht der Staatssicherheit endete vor den Kasernentoren der Roten Armee. Die Straftaten stiegen von 2.174 im Jahr1981 auf 3.377 im Jahr 1984. Von 1976 bis 1989 wurden 27.500 Straftaten von Sowjetsoldaten registriert.

Einer der dramatischsten Zwischenfälle war eine Schießerei mit einem sowjetischen Deserteur am 16. Juni 1978 in der Friedrichstraße in Ostberlin. Dabei geriet ein Fahrzeug der ständigen Vertretung der BRD in die Schusslinie. Ganz normale Straßenpassanten wurden Augenzeugen.

Seit dem Jahr 1985 stand Michail Gorbatschow an der Spitze der Sowjetunion. Er hatte das Buch des Marxismus beim Lesen richtig herum gehalten. Die DDR-Bevölkerung war begeistert, die Führung der DDR leider nicht. In diesem kleinen Land waren die Bürger politisch hoch gebildet. Schon lange vor Gorbatschow wusste die Mehrheit, dass etwas schief lief. Es begann eine offene und umfassende Diskussion über alles.

Die größte offiziell genehmigte Demonstration in Ostberlin vom 4.11.1989 mit 500.000 Menschen brachte alle Schichten der Bevölkerung zusammen. Es gab den Glauben an Reformen und an das Gegenteil.

Durch das Verhalten der DDR-Führung kann man die Jahre von 1985 bis 1989 als verschenkte Jahre bezeichnen.

Das Volk stimmte mit den Füßen ab.

Der Zeitzeuge Wladimir Putin, Offizier des sowjetischen Geheimdienstes KGB, war von 1985 bis 1990 in Dresden stationiert. Er arbeitete eng mit der Staatssicherheit der DDR zusammen. Er besaß auch einen eigenen Ausweis der Staatssicherheit der DDR. Diese Zusammenarbeit erlaubte es ihm, viele Parallelen zu früheren Entwicklungen in der Sowjetunion zu ziehen. Den DDR-Alltag genoss er wie viele andere Offiziere. Radeberger Bier war sein Favorit. Die Haupteigenschaft von Geheimdienstlern ist das Schweigen. Im Jahr 1991 wurde er zu einem Stellvertreter des ersten frei gewählten Bürgermeisters von Leningrad. Die

Karriere von Wladimir Wladimirowitsch Putin ist in der jüngsten Geschichte einmalig.

Bevor eine außerordentliche Situation in der DDR und in Westdeutschland entstehen konnte, brauchte es noch viele besondere Schritte.

Der sowjetische Deutschlandexperte Nikolai Portugalow traf sich mit dem außenpolitischen Berater von Helmut Kohl, Horst Teltschik, um ein Ideenpapier zu besprechen und um sich auszutauschen[11].

In diesem Papier wurde angedeutet, dass die sowjetische Seite bereit war, über Dinge nachzudenken, die zu dieser Zeit unvorstellbar waren. Für Teltschik war Portugalow die Wetterfahne, die anzeigte, wie in Moskau gedacht wurde. Selbst wenn tendenziell seit 1984 in Moskau über neue Wege nachgedacht worden war, gab es eine nicht zu unterschätzende internationale Dimension.

Alle Punkte dieses Ideenpapiers, das als Testballon gedacht war, führten zur Deutschen Einheit bzw. zu zwei deutschen Staaten, die aber frei und demokratisch sind. In Deutschland dachte kaum jemand ernsthaft über diese Frage nach. Die sowjetischen Verantwortlichen lieferten Helmut Kohl eine Vorlage. Helmut Kohl in seiner Wahlkampf-Situation überzog und stellte im Alleingang dem Deutschen Bundestag am 28.11.1989 einen 10-Punkte-Plan zur Deutschen Einheit vor. Es gab in den USA, in England, in Frankreich und nicht zuletzt in Moskau Irritationen. Kohl sollte jedes Vorgehen mit Gorbatschow abstimmen.

Für Gorbatschow war die Deutsche Frage ein freiliegen-

11 Doku: ZDF-History; Geheimakte Deutsche Einheit; https://www.youtube.com/watch?v=HIAx6Tt54Eo

der Nerv, seit 1945. Ohne die Klärung dieser Frage war der Kalte Krieg nicht zu beenden. Die Deutsche Frage war nie eine innerdeutsche Frage. Sie war eine Angelegenheit im Ost-West-Konflikt.

Außenminister Genscher musste am 4.12.1989, vier Wochen nach der Öffnung der Grenzen die geballte Wut der Sowjets dämpfen. Gorbatschow war verärgert, weil dieses historische Geschäft keine Sache für den Wahlkampf in Deutschland war. »Der Kanzler hört wohl schon die Marschtrommeln und bringt sich in Stellung.« Gorbatschow fühlte sich von dem 10-Punkte-Plan getrieben.

Die vier Siegermächte des Zweiten Weltkrieges kamen in Berlin Schöneberg im Kontrollratsgebäude zusammen. Es musste Staub gewischt werden und die Fenster wurden zum Lüften geöffnet. Das war das erste Treffen seit 1948. Die Engländer, die Franzosen und die sowjetischen Repräsentanten waren zu diesem Zeitpunkt gegen die Deutsche Einheit. Sie waren sich allerdings nicht einig. Es ging ihnen zu schnell und jeder sagte: »Nicht ohne uns.« Sie brauchten offensichtlich noch ein wenig Zeit zum Nachdenken. Die USA waren zwar auch von Kohl überrollt worden, stellten sich aber kurz danach auf seine Seite.

Die Situation in der Sowjetunion wurde immer dramatischer. Die Perestroika war in der Krise und die Autorität von Gorbatschow schwand im eigenen Land. Die Meinungsfreiheit, die Bewegungsfreiheit und die Ansätze von Wirtschaftsreformen führten nicht zu einem Aufschwung. Im Grunde passierte das Gegenteil. Die Abhängigkeit der Sowjetrepubliken untereinander erwies sich als nationales Hindernis. Lebensmittelknappheit und Inflation waren die

Folge. Auf Bitte der Sowjetunion lieferte die BRD Lebensmittel im Wert von 1,5 Milliarden DM und gewährte ein zinsloses Darlehen von 5 Milliarden DM, das zurückgezahlt wurde.

Im Februar 1990 gab es das Treffen im Kaukasus zwischen Kohl und Gorbatschow. Beide hatten die wichtigsten Personen an ihrer Seite. Es war ein sehr emotionales und politisch intensives Treffen. Über Geld wurde nicht gesprochen. Anfang September 1990 bekam Helmut Kohl die Schlüssel für die Deutsche Einheit per Telefon für 15 Milliarden DM in die Hand. Es waren zwei Telefonate, die als die teuersten der Geschichte gelten.

Am 12.09.1990 wurde in den Zwei-plus-Vier-Gesprächen Einigkeit erzielt.

Die Deutsche Einheit wurde zu den Maximalkonditionen des Westens erreicht. Deutschland gehörte nun als Ganzes der Nato an. Die Sowjetunion hatte aufgrund ihrer eigenen Situation eine immer schlechter werdende Verhandlungsposition[12].

Wenn jemand die Weltpolitik vor sich her getrieben hat, dann war es das demonstrierende Volk der DDR. Beginnend mit den Demonstrationen in Plauen und Leipzig gegen die manipulierte Kommunalwahl vom 7. Mai 1989, provoziert durch die Passivität der eigenen Regierung, ermutigt durch Michail Gorbatschow und der Sicherheit, dass kein sowjetischer Panzer diesen Prozess stoppt. Die Demonstrationen fanden dann in allen großen Städten mit immer mehr politischen Forderungen statt. Es wurden

---

12 Doku: ZDF-History; Geheimakte Deutsche Einheit; https://www.youtube.com/watch?v=HIAx6Tt54Eo

Massendemonstrationen, die durch die Staatsgewalt nicht mehr zu kontrollieren waren.

Der Sommer 1989 war in jeder Hinsicht heiß. In der Botschaft der BRD in Prag sammelten sich ausreisewillige DDR-Bürger und in Ungarn wollten viele Urlauber nicht den Rückweg in die DDR antreten. Ungarn machte seine Grenze ab Mai 1989 durchlässiger. Die Gefahr eines Grenzübertritts war aber noch nicht gebannt. Tragischerweise kam am 21. August 1989 der DDR-Bürger Kurt-Werner Schulz durch einen Schuss an der ungarischen Grenze zu Tode. Die offizielle Öffnung der ungarischen Grenze in Richtung Österreich erfolgte am 10.09.1989 um Mitternacht. Die Ungarn erhielten eine Milliarde DM aus dem Westen[13] und 20 Millionen Dollar aus dem IWF[14] für ihre Aufwendungen. Hans Dietrich Genscher überbrachte am 30.09.1989 den Flüchtlingen in der Prager Botschaft ihre Ausreisegenehmigung.

Die Grenze zur BRD wurde dann am 09.11.1989 geöffnet, der Tag der Deutschen Einheit wurde der 03.10.1990 und die Sowjetunion zerbrach 1991.

13 Interview Hans Modrow, Ostseezeitung vom 22./23. Juni 2019

14 siehe Anhang

Die Wende in der Sowjetunion

Zu Beginn seiner Amtszeit war Gorbatschow auch ein Hoffnungsträger in der Sowjetunion. Seine Reformansätze und sein Auftreten auf internationaler Ebene und im eigenen Land wurden zunächst positiv gesehen.

Der erste Mann in diesem riesigen Staatsgebilde braucht auch Glück, um überall mit seiner neuen Politik Anerkennung zu finden.

Gorbatschow hatte Pech. In seiner Regierungszeit ereigneten sich das Atomunglück in Tschernobyl, ein großes Erdbeben in Armenien und der Untergang der »Admiral Nachimow«, bei dem von 888 Passagieren 398 starben.

Die Menschen in der Sowjetunion deuten solche Dinge nicht unbedingt realistisch.

Die Geschichte dieses Reiches ist ungeheuer vielseitig und die Geschichte Russlands geht dazu noch von der Zarenherrschaft über die Sowjetzeit hinaus.

Bei den Geschichtsverläufen dieses Staatenbundes wird Stabilität sehr geschätzt. In der Regierungszeit von Leonid Breschnew hatte man eine relative Stabilität auf einfachem Niveau.

Bei der Beerdigung von Breschnew riss ein Gurt und er fiel geräuschvoll in die Gruft. Diesen Aufprall konnte jeder hören, der diese Beerdigung verfolgt hat.

Es war klar, das der Volkswitz nicht lange auf sich warten ließ: »Man schickte einen Soldaten in die Gruft, der nachschauen sollte – er stellte fest, das Breschnew sich umgedreht hatte und wollte ihn wieder richtig hinlegen. Breschnew wollte so liegen bleiben und sagte zu dem Soldaten: »Ihr werdet mir noch den Po küssen müssen.«

Ein weiterer Volkswitz machte auch nicht am Sterbebett von Breschnew halt. Breschnew fragte Andropow, wer sein Nachfolger werden würde. Andropow sagte: »Ich.« Breschnew fragte: »Was machst du, wenn das Politbüro der Partei dir nicht folgt?« Andropow darauf: »Dann folgen sie dir.«

In der Tat hatte Juri Andropow konsequente Reformansätze und verfolgte bedingungslos die entstandene Korruption. Es gab Todesurteile und so mancher in der Führungsriege schien sich an die Stalinzeit erinnert.

Der Tod Andropows ist von Geheimnissen umwittert. Es gibt das Gerücht der Vergiftung und der Erschießung.

Auf Andropow folgte der relativ unbekannte Konstantin Tschernenko. Konstantin Tschernenko war ein enger Mitarbeiter Breschnews, der nach kurzer Amtszeit verstarb. Die Machtverhältnisse für die Amtsübernahme durch Gorbatschow hatten sich entwickelt. Er regierte das Land ab 1985.

Die Außenpolitik von Gorbatschow war erfolgreich für andere Länder. Im Innern musste er Niederlagen einstecken und verlor letztlich den Machtkampf im eigenen Land. Ein neuer Vertrag, der die 16 Nationen der Sowjetunion zusammenhalten sollte, scheiterte. Es gab in allen 16 Sowjetrepubliken widerstrebende Kräfte.

Zar Alexander III. wird zugesprochen: »Wenn dich deine Feinde zu viel loben, hast du etwas falsch gemacht.«

Es gab am 19. August 1991 den Putsch gegen Gorbatschow und die Verschwörung von Russland, der Ukraine und Weißrussland, die Sowjetunion zu verlassen. Gorbatschow wurde zum Präsidenten ohne Land.

Nach dieser Zeit gab es noch den Auftritt von Boris Jelzin, der die Geschäfte dann sieben Jahre später an Wladimir Putin übergab. Jelzin erklärte dem Volk, er sei müde geworden und habe keine Kraft mehr.

Die Jahre von 1985 bis 1991 und auch danach brachten der Sowjetunion und Russland große Verunsicherung und ein damit einhergehendes demographisches Problem.

Das Nationalgetränk in Russland ist Tee. Die Wodkasorten »Gorbatschow« und » Jelzin« sind aus den Regalen genommen. Es gibt jetzt die Sorten »Andropow« und »Putin«.

Diese Namen genießen Respekt. Man muss sie nicht lieben. Die russische Jugend spricht nicht mehr von der alten Zeit. Sie hat Formulierungen wie: »Diese Periode ist Geschichte«. Es gibt wieder neue Visionen und sie würden gerne mit Europa zusammenarbeiten.

Die Arbeits- und Lebensverhältnisse in der ehemaligen Sowjetunion sind mit den Verhältnissen in der DDR nicht zu vergleichen. Die DDR hatte völlig andere Wirtschaftstraditionen.

Die Farben der DDR – von strahlendem Gelb bis zu tristem Grau

Alle in der DDR geborenen Menschen kannten keinen Hunger, hatten Arbeit und ein Dach über dem Kopf. Sie hatten eine umfassende Ausbildung und konnten ihren Lebensunterhalt selbst bestreiten. Das traf auf alle gesunden Frauen und Männer zu. Sie mussten dazu nicht verheiratet sein. Einem Familienglück wurden nach Möglichkeit alle Wege geebnet.

Die Grundnahrungsmittel waren für jeden bezahlbar. Arbeit war laut Verfassung der DDR eine Pflicht. In außerordentlichen Einzelfällen gab es Personen, die zur Arbeit abgeholt werden mussten, weil sie mit der Uhrzeit oder dem Alkohol Schwierigkeiten hatten. Die Wohnungsmieten machten ca. 7 % des Einkommens aus. Bei kinderreichen Familien oder alleinstehenden Personen mit Kindern hatte der Mietpreis nur noch symbolischen Charakter.

Bildung und Ausbildung waren ausnahmslos kostenfrei. Kinder aus Arbeiterfamilien wurden bei einem Studienplatz bevorzugt. Bei Kindern aus christlich orientierten Elternhäusern klappte das nicht immer sofort. Dafür gab es Umwege. Es gibt ja Beispiele von Pastorentöchtern, die Physik oder Medizin studieren durften. Ein Arbeiterkind mit christlicher Orientierung konnte schon mal Pech haben.

Meine Frau war Kind eines Arbeiters und christlich orientiert. Ihr Vater kam nach dem Krieg mit den Flüchtlingen aus den Ostgebieten nach Sachsen-Anhalt.

Er war gelernter Bäcker und verdingte sich als bald als Kraftfahrer. Bei den damals noch offenen Grenzen lernte er im Westen einen alten Zauberer kennen. Dieser Zauberer lehrte ihm alle seine Tricks und verschenkte auch sein silbernes Sakko mit schwarzem Revers.

Mein Schwiegervater konnte Rasierklingen an einem Faden verschlucken und sie wieder herbei zaubern. Mit seinen Zaubertricks verdiente er sich an Wochenenden auf Tanzveranstaltungen so manch gutes Trinkgeld.

Er arbeitete nach seinem eigentlichen Feierabend als Kraftfahrer noch als Maler, wechselte Leuchtmittel bei der Stadtbeleuchtung und betrieb die Sportlerkneipe seines heimatlichen Fußballvereins.

Seine Tochter war konfirmiert worden und sie lehnte die Jugendweihe ab. Es ging für sie nur um eine Sache. Als es zur Berufswahl ging, bewarb sie sich für eine Ausbildung zur Unterstufenlehrerin. Kurz bevor es soweit sein sollte, kam die Absage. Die Zeit, eine neue Lehrstelle zu bekommen, war zu kurz.

Mein Schwiegervater hatte gerade wieder einmal einen Umzug nach Feierabend gefahren und die Leiterin des Kaufhauses der Stadt dabei kennengelernt. Er erzählte von seinem Problem und die Frau sagte: »Schicken Sie Ihre Tochter mal zu mir.« So wurde meine Frau Fachverkäuferin für Textilien.

Es gab reichliche Fälle, in denen Karrieren aus diesem Grund verbaut wurden. Der Schatten einer solchen Erfahrung bleibt ein Leben lang an der Seele eines jungen Menschen haften.

Das Leben geht dann neue Wege und die Herausforderungen kommen mit jedem neuen Tag.

Neben derartigen groben politischen Dummheiten regierte natürlich auch die Absicht, gute Bedingungen für die Bevölkerung zu schaffen.

Für junge Familien wurden sehr gute Rahmenbedingungen ermöglicht. Die Geburtenrate von Kindern sollte stabil bleiben und sein. Neue sozialpolitische Instrumente waren dabei hilfreich.

Ab 1972 zahlte der Staat bei der Geburt jedes Kindes 1.000 Mark Unterstützung. Zur Eheschließung erhielten Paare, die jünger als 26 Jahre waren und zum ersten Mal heirateten, einen zinslosen Kredit bis zu 5.000 Mark, später 7.000 Mark. Mit jedem geborenen Kind reduzierte sich die Tilgungssumme, mit dem dritten Kind war der Kredit abgezahlt. Die Laufzeit des Kredites betrug 5 Jahre. Verheiratete Paare bekamen schneller eine neue Wohnung als Ledige.

Gleichzeitig zu diesen Maßnahmen wurde am 9. März 1972 das Gesetz über die »Unterbrechung der Schwangerschaf« beschlossen. Frauen hatten das Recht, selbstbestimmt und frei zu entscheiden.

Ab 1976 bekamen Frauen – zunächst ab dem zweiten, ab 1986 ab dem ersten Kind – ein bezahltes »Babyjahr«, in dem sie nicht erwerbstätig sein mussten.

Es wird kein zweites Land auf dieser Welt mehr geben, in dem unzählige Kinderwagen vor Kaufhäusern stehen, weil die Mütter einkaufen sind. Keine Mutter war besorgt, dass ihr Baby verschwinden könnte. Die Kinderwagen hatten ja Bremsen und die Mütter wiegten sich in Sorglosigkeit und Sicherheit.

Für die übergroße Zahl der DDR-Bürger stellte sich ein Lebensgefühl ein, das frei von jeder Existenzangst war. Alle Bürger, die nicht so recht zufrieden waren, mussten sich die Segnungen dieser Politik aber auch gefallen lassen.

So schön manche Dinge auch waren, es gilt: »Das ständige Vorhandensein macht Dinge wertlos, Seltenes achtet man«(Martin Luther).

Auch das scheinbar Wertlose musste aber erwirtschaftet werden.

In der DDR ging man den Weg der »Intensiv erweiterten Reproduktion«. Das bedeutete, aus jedem Stück und aus jedem Tropfen mehr zu machen.

Es gab die Losung: »Aus unseren Betrieben ist noch viel mehr rauszuholen«.

Das hatte eine lustige und eine ernste Seite. Der Erfindergeist im privaten Bereich und im betrieblichen Sektor wurde herausgefordert.

Der eine oder andere Arbeiter mag nach der Wende ein schlechtes Gewissen gehabt haben, weil er aus seinem Betrieb etwas herausgeholt hat, ohne es zu bezahlen. Er sei beruhigt, daran ist die DDR nicht zugrunde gegangen. Alle diese gefundenen Materialien sind veredelt worden und fanden sich in Bungalows, Gartenhäusern, Garagen und Haushalten wieder.

Es wurde gebaut und gebastelt, was das Zeug hielt. Die Talente lebten sich bei Drechselarbeiten, Töpferarbeiten, Metallarbeiten, bei der Holzbearbeitung und im Konstruktionswesen aus. Kerzenständer, Feuerschalen, Kunstgewerbe aller Art, Gartenzäune, Antennen, Hollywoodschaukeln, Grillgeräte, Kleinmöbel und Rasenmäher entstanden.

Ein Freund und Kollege von mir baute elektrische Türklingeln mit Melodie. Wenn er keine ausgedienten kleinen Lautsprechergehäuse hatte, nahm er Butterdosen.

Es wurde nicht alles nur einfach aus den Betrieben mitgenommen. Bei größeren Dingen konnte man das Material kaufen und nach Feierabend bearbeiten. Beim Ausbau einer Wohnung oder eines Eigenheims gab es auch Hilfestellungen vom Betrieb.

In betrieblicher Hinsicht setzte man auf das Neuererwesen. Es wurde 1971 letztmalig in der Neuererverordnung geregelt. Neben sehr vielen guten Neuerungen gab es auch Blüten, die man aber trotzdem mit einem geringen Betrag vergütet bekommen konnte. Wichtig waren das Mitmachen und die Dynamik, die solchen Prozessen inne wohnt. Mit guten Vorschlägen konnten pfiffige Leute gutes Geld machen. Das betriebliche Vorschlagswesen gibt es in Deutschland seit 1895 bei Heinrich Lanz. Später 1901 bei AEG, 1903 bei Carl Zeiss und 1910 bei Siemens.

Nach der Wende erzählten die Ostdeutschen bei Begegnungen mit Westdeutschen gerne von ihren Husarenstücken. Der westdeutsche Bürger hatte zu solchen Späßen und zu solchem Humor keinen Zugang. Da wo ein ostdeutscher Bürger lacht und sich auf die Schenkel haut, bleibt der westdeutsche Bürger regungslos.

Der ostdeutsche Bürger war anspruchsvoll, nicht bescheiden und tendierte zum Zweithaushalt. Er brauchte alles doppelt.

Die Freizeitgestaltung dieses Bürgers wurde durch den Bau unzähliger Kleingartenanlagen und Bungalowsiedlungen bereichert. Das Baumaterial in der DDR musste zwischen Wohnungsbauprogramm, dem Bau von Sport-

und Kongreßzentren, Hotelbauten der Spitzenklasse, Eigenheimen auf dem Land und in der Stadt seinen Weg finden. Diese Wege waren oft spannend. Die Beteiligten am Bau der Stadthalle Magdeburg waren davon überzeugt, den größten Schwarzbau der DDR errichtet zu haben.

Schwarzbau ist ein Bau, der aus nicht bilanziertem Material und Arbeitsleistungen entsteht. Es ist also ein Bau, der aus Nichts entsteht und trotzdem da ist.

Die Lösung lag natürlich darin, dass die Großbetriebe der Region die Mittel besorgten. In Magdeburg waren das der Schwermaschinenbau, der Motorenbau und viele kleinere Unternehmen.

Solange politisch wichtige Projekte wie das Wohnungsbauprogramm nicht in Gefahr kamen, ließen sich die Genossen in Berlin bilanztechnisch »austricksen«.

Die Stadt- und Kongresshalle in Rostock wurde auch mit Unterstützung der regional ansässigen Betriebe erbaut.

Das Bauwesen brachte nicht nur die berühmte Platte in vielen Varianten hervor, sondern auch die Entwicklung von Spannbeton oder die spektakulären Bauten von Ulrich Müther aus Binz. Seine Bauten waren architektonische Perlen der Moderne. Es waren Schalenbauten mit freitragenden Dachkonstruktionen. Diese Bauweise war begleitet von dem Motto: »Geht nicht, gibt's nicht.« Wie aus geraden doppelt gekrümmte Flächen werden. Beispiele sind der Teepott in Rostock-Warnemünde, die Schwimmbadüberdachung in Sellin, die Mehrzweckhalle in Rostock-Lütten-Klein, die Ostseeperle in Glowe, die Rennrodelbahn in Oberhof und der Müther-Turm in Binz am Strandabgang 6. Ein Rettungsturm, der heute als Standesamt dient.

In Havanna entstanden eine Radrennbahn und in Kuwait,

Tripolis, Helsinki und Wolfsburg Zeiss-Planetarien. Für die Kuppel des Zeiss-Planetariums in Wolfsburg lieferte die Volkswagen AG 10.000 Pkw VW Golf in die DDR.

In der DDR wurde viel gebaut, aber leider fanden die Materialien und Bauleistungen nicht die Altbausubstanz. Die Innenstädte und Altstädte wurden vernachlässigt. Das Grau in den Stadtbildern nahm immer mehr zu. Ein Land, das die Wohnungen der Innenstädte mit immer schlechter werdender Braunkohle beheizen muss, kann keine weißen Fassaden haben. Erst 1988 gab es die ersten Stimmen aus der staatlichen Plankommission, die Mieten anzupassen und 22.000 Bauarbeiter aus Berlin wieder in ihren Heimatbezirken einzusetzen. Die Gelder für staatliche und gesellschaftliche Organisationen drastisch zu kürzen, die Investitionen für die Mikroelektronik ganz einzustellen und den erfolgreichen Export im Maschinenbau auszubauen.

Über die Mieteinnahmen konnten die Kommunen die Häuser nicht sanieren. Der Besitz eines Miethauses als Privateigentum war also eher eine Strafe, als ein Geschäft. Die Sanierung der Altbausubstanz war kein politisch wichtiges Projekt, wie der Neubau von Wohnungen.

Die meisten politisch wichtigen Projekte hatten einen militärischen Bezug. Militärobjekte, ob unter der Erde oder überirdisch, verschlangen zunehmend Baukapazitäten. Es sind ungeheure Mengen an Baumaterial in Geheimobjekte geflossen. Der Bau des größten Fährhafens der Welt, Mukran, war eines der größten Verkehrsprojekte der DDR. Der Handelsverkehr zwischen der Sowjetunion und der DDR wurde hier von den sechs größten Eisenbahnfähren der Welt abgewickelt. Diese Fähren wurden auf der Werft in Wismar gebaut.

Der Weg über das polnische Schienennetz wurde immer teurer und spätestens ab 1980 zu unsicher (Solidarnosc-bewegung und Kriegsrecht von 1981–1983 in Polen).

Dieser Fährhafen spielte beim Abzug der »Roten Armee«, einschließlich Atomwaffen, eine hervorragende Rolle. Jeder Militärexperte kann über den massenhaften und lautlosen Abtransport nur staunen.

Staunen konnte man auch über den Normalbetrieb in diesem Hafen. Das Beladen und Entladen der Fähren dauerte nur 4 Stunden, obwohl die Breitspurwaggons der sowjetischen Staatsbahn umgeachst werden mussten.

Laut Legende hatte das alte Russland einen Spezialisten nach Europa geschickt, um die Spurbreite der Bahnschienen auszumessen. Da die Spurbreite nun breiter wurde als in Europa, glaubte man, er habe sich vermessen. Er hätte das Außenmaß der Schienen für das Innenmaß genommen.

Des Rätsels Lösung war aber strategischer Art. Es sollte kein Feind seine Eisenbahn auf russischen Gleisen fahren lassen können.

Für die Fährschiffe hatte meine Werkstatt Proviantcontainer mit Kühlkammern ausgerüstet. Die Liegezeit der Fähren war kurz und so war es effektiver, den Container zu tauschen.

Bei einem Besuch der Naturbühne in Ralswieck zu den Störtebekeraufführungen sah ich 1995 einen meiner Container wieder. Ein gut gekleideter Rüganer mit Schiebermütze, Kordhose, Hosenträger und Wohlstandsbauch verkaufte auf seinem Parkplatz gut temperierte Leckerbissen an die Theaterbesucher.

Der Bau des Palastes der Republik war ein Prestigeobjekt. Er war ein Haus des Volkes und ein bauliches Meisterwerk an Technik und Funktionalität. Dieser Bau wurde ebenso politisch, wie er entstanden war, genauso politisch nach der Wende weggeräumt. Der gesamte Stahl aus dem Abriss wurde nach Dubai verkauft. Dieser Stahl wurde dann in das höchste Gebäude der Welt eingebaut, dem Burj Khalifa.

Das Bunte an der DDR wurde nicht selten und immer wieder durch Wechselbäder hervorgerufen. Die Bevölkerung dieses Landes stellte sich schnell auf neue Situationen ein. Den oft beschriebenen Versorgungslücken wurde auf offiziellen, inoffiziellen und illegalen Wegen begegnet.

Kleingärtner und Kleintierzüchter hatten die Möglichkeit Obst, Gemüse und Fleisch an den Einzelhandel zu verkaufen. Es wurde zu höheren Preisen aufgekauft, als dann an die Bevölkerung verkauft. Wenn man wollte, konnte man also sein eigenes Gemüse billiger zurück kaufen. Außerhalb der offiziellen Landwirtschaft wurden da, wo es möglich war, Enten, Hühner, Gänse, Kaninchen, Schweine und Bullen gezüchtet und verkauft.

Mein Nachbar Harry kam eines Morgens mit seiner Frau aus einer Nachtbar nach Hause. Seine Frau sagte: »Harry, auf unserem Dach sitzen lauter kleine weiße Schwäne.« Harry darauf: »Das sind unsere Gössel, ich habe vergessen ihnen die Flügel zu schneiden.«

Nachdem die Gössel eingefangen waren, ging er auf die Wiese, um seinen Bullen umzupflocken. Der Bulle ging durch und Harry wurde mitgeschleift. Er hielt sich fest, bis der Bulle sich beruhigt hatte. Ein Bulle stand vor dem Verkauf zwei Jahre auf der Wiese und im Stall. Beim Verkauf brachte so ein Bulle bis zu 8.000 Mark der DDR.

Harry ging am folgenden Montag zwar völlig zerbeult zur Arbeit, die 8.000 Mark hatte er aber festgehalten.

Das Brot als Nahrungsmittel in der DDR war so billig, dass es an Schweine und andere Tiere in diesem Geschäft verfüttert wurde.

Das Geld als Zahlungsmittel konnte in der DDR schon mal in Frage gestellt werden. Es gab Währungen wie Spargel, Räucheraal, Zuchtpilze, Lizenzschallplatten, Parkett und Autoersatzteile.

Wer auf dieser Welt will den Bedarf an Autoersatzteilen decken, wenn auch massenhaft Nichtautobesitzer diese Teile kaufen?

Das Auto selbst war natürlich ein sehr begehrtes Objekt. Die Wartezeiten zum Kauf eines neuen Autos betrugen bis zu 10 Jahren.

Es entstanden halblegale Automärkte, auf denen man alte, wieder neu aufgebaute bzw. nur alte Autos kaufen konnte. Neben den üblichen Marken des Ostens gesellten sich ab 1977 auch VW-Golf, Mazda und Citroen dazu.

Die 1977 eingekauften VW-Golf wurden an Personen mit einer gültigen Autobestellung für 25.000 Mark der DDR verkauft. Auf dem Schwarzmarkt konnten aus 25.000 Mark schnell mal 100.000 Mark werden.

Bei solchen Summen kann man leicht erkennen, dass das Geld ungleichmäßig in der DDR-Bevölkerung verteilt sein konnte. Den Lieferschein für 10.000 Mazdas hatte Erich Honecker nach seinem Japanbesuch von 1982 in der Tasche.

Der schwarz funktionierende Verteilmarkt, auf dem es irgendwie alles gab, war für die Masse der Bürger keine Option, obwohl der Schwarzmarkt in der DDR nie aufgehört hat zu existieren. Auf solchen Märkten wie dem Pferdemarkt in Havelberg konnte man schon staunen, was im Kleinhandel und Trödelmarkt so angeboten wurde. Manchmal stimmte nur das Etikett auf dem Exportbier. So ist eben Pferdemarkt.

Man brauchte in der DDR keine öffentliche Produktwerbung mehr.

Die Fernsehwerbung in der DDR, die »Tausend Tele-Tips«, war völlig anders geartet, als die Werbung in der BRD. Sie hatte eher einen erzieherischen, als einen verkaufstechnischen Charakter. Es mussten auch Dinge beworben werden, von denen es sehr reichlich gab.

»Nimm ein Ei mehr«, »Apfelmus schmeckt immer gut«, »Weißkohl ist ja sooo gesund«, »Zucker sparen? Grundverkehrt! Der Körper braucht ihn. Zucker nährt.« »Lass dir raten: Goldbroiler ist ein leckrer Braten, den neuerdings ein jedermann, bald überall erwerben kann.«

Der Broiler kam aus den USA nach England und über Jugoslawien in die DDR. Von einem Staatsbesuch 1966 bei Tito brachte Walter Ulbricht die Broilerproduktion in die DDR.

Der erste richtig schäumende Badezusatz kam mit einem Lied daher. »Baden mit Badusan, Badusan, Badusan ...«

Für die angebotenen Schmalfilmkameras galt: »Wenn die Sonne lacht – nimm Blende 8.«

Es gab eine Kampagne für das VEB Minol – »Schnelltanken«. Hier wurde nur für runde Summen getankt und die Wartezeit auf die Rückgabe von Wechselgeld entfiel.

Das Pulver zur Reifenmontage, genannt »Covalit«, hatte den Spruch: »Gegenüber vom Ventil drücken Daumen mit dem Ziel zum Ventil, Stück für Stück und alles sitzt – ihr Kundendienst von Covalit.«

Der Minol-Pirol: »Guten Rat zu Ihrem Wohl wüscht Ihnen der Minol-Pirol.«

Der Minol-Pirol zur Sicherheit und Ordnung im Straßenverkehr: »Ein Bier, ein Schnaps, ein Schnaps, ein Bier. Kraftgefühl, wer kann mir, kein Augenmaß, stark enthemmt, feste Gas. Kurve rechts, Kurve links, dann ein Baum, aus der Traum – Rettungswagen, Polizei, Krankenlager – Schererei.

Alkohol getrunken – Unglück im Nu – bedenke vorher, den Schaden hast du. Die Rechnung zahlst du in diesem Falle, denn du schadest dir und schädigst alle.«

1976 wurde durch einen Beschluss des Ministerrats die Inlandswerbung eingestellt.

Die übergroße Zahl der Menschen hatte nie zuviel Geld. Es war hart erarbeitet und reichte für das kleine Glück.

Das kleine Glück ist damit beschrieben, wenn man eine Wohnung hatte, ein Trabant vor der Tür stand, einen Garten sein Eigentum nannte, die Kinder gesichert aufwuchsen und der Jahresurlaub einmal im Jahr zur Entspannung der ganzen Familie wieder neue Kraft gab.

Urlaubsmöglichkeiten gab es von der Ostsee bis in die Waldgebiete der DDR. Wem das nicht reichte, der fuhr ins sozialistische Ausland.

Es gab Campingplätze im ganzen Land, die sich auch großer Beliebtheit erfreuten.

Im Mai 1956 wurde eine »Anordnung zur Regelung des Freibadens« beschlossen. Sie erlaubte totale Ausgezogenheit an Orten, die ausdrücklich von den zuständigen örtlichen Räten freigegeben und gekennzeichnet waren. An diesen Orten waren alle nackt.

Heute trifft man an diesen Orten hundert angekleidete Badefreunde auf einen Nackten.

Es kann also nicht sein, dass die Freiköperkultur in der DDR ein Ersatz für fehlende Freiheit war.

Die Freikörperkultur droht zu sterben. Sie ist keine Erfindung der DDR. Diese Badekultur entstand in den zwanziger Jahren in Deutschland.

Die Urlaubsplatzvergabe wurde häufig über die Betriebe und die Gewerkschaft geregelt. Die Betriebe hatten im ganzen Land Ferienobjekte.

Das Rennsteighotel des »Freien Deutschen Gewerkschaftsbundes« hatte goldfarbene Wasserhähne. Der Arbeiter sollte auch mal verwöhnt werden. Ab der zehnten Etage war für FDGB-Funktionäre reserviert.

Ein richtiges Durcheinander konnte entstehen, wenn sich Erich Honecker persönlich einmischte.

Er kam auf die Idee, die besten Arbeiter in die besten Hotels des Landes zu schicken. Nun kam offensichtlich nicht nur ein Betriebsleiter in Schwierigkeiten. Es mussten jetzt besonders gute Arbeiter ausgesucht werden, die für ganz wenig Geld einen super Urlaub machen wollten.

Es traf zum Beispiel Heidrun Schoof. Sie war Sekretärin und ihr Direktor machte aus ihr eine Kranfahrerin. So wurde der Platz außerhalb der Saison mit einer Arbeiterin besetzt. Für Heidrun Schoof war es ein wunderbarer Urlaub im Hotel »Neptun« in Warnemünde.

Die Spitzenhotels der DDR waren zum großen Teil für das Erwirtschaften von Devisen gedacht. Die Devisen wurden dann doch noch erwirtschaftet, weil Alexander Schalck-Golodkowski seine Planvorgaben auch erfüllen musste.

Junge Ledige machten anders Urlaub als junge Verheiratete oder Familien mit Kindern.

Ich kam nach einer durchtanzten Nacht nach Hause und meine kleine Schwester stand im Flur vor dem Spiegel. Auf meine Frage, wo sie denn so früh hin wolle, sagte sie: »Ich trampe nach Ungarn.« Sie war mit ihren 16 Jahren blutjung und weder meine Eltern noch ich fanden das kritisch.

Junge Leute fanden ihren Weg ins Leben. Sie hatten ihre gesicherte Berufsausbildung und die Auseinandersetzung mit der Arbeitswelt und der Gesellschaft begann spätestens mit dem Berufsleben. Alles was davor lag, war reines Vergnügen und Spaß.

Alle Menschen mit guter Kindheit und Jugend sollten diese bis ans Ende ihrer Tage mit sich tragen.

Zunächst musste man Leistung abliefern. Die Löhne wurden nicht verschenkt. Es gab Gehaltseinstufungen und Lohngruppeneinteilungen. Wer mehr Geld verdienen wollte, musste ein bestimmtes Niveau an Leistung erbringen – das war das Grundprinzip.

Man traf auf gute Kollegen und Vorgesetzte und auf weniger gute. Vor Mobbing war man weitestgehend geschützt.

Die gesellschaftlichen Organisationen waren selbstverständlich Teil der Arbeitswelt. Dieser Umstand war nicht nachteilig, weil man viele Dinge über die Gewerkschaft oder die FDJ regeln konnte.

Es gab Jugendbrigaden und Arbeitskollektive, die sich besonders auszeichneten. Solange die Sache in politischer Hinsicht nicht nervte, konnte man die eine oder andere Prämie abfassen. Man konnte ganz gut unter dem Radar fliegen, wenn alle sich einig waren.

Immer wenn politische Kampagnen Besitz von der Arbeitswelt ergriffen, wurde es lästig.

Junge Leute, die ehrenamtlich einen Jugendclub leiteten, wussten alle Möglichkeiten zu nutzen, ohne sich an jede Regel zu halten. Alle beteiligten Personen mussten nur zufrieden sein.

Die Großdemonstrationen der Jugend zu bestimmten Anlässen waren regelrecht militärisch organisiert und dienten der Darstellung nach Außen. Die Organisation von derartigen Großveranstaltungen erfordert nun einmal eine straffe Organisation.

Die zehnten Weltfestspiele der Jugend und Studenten fanden vom 28. Juli bis 5. August 1973 in Berlin statt. Es war ein ungewöhnlich heißer Sommer und die Stadt war Gastgeber für 25.000 Jugendliche aus 140 Ländern. Diese Veranstaltungen fanden mal in Budapest, in Wien oder in Moskau statt. Im Sommer 1973 überschwemmten acht Millionen Besucher Ostberlin. Bei so vielen Besuchern aus aller Welt ging es bunt und offen zu. Die Teilnehmer erlebten Großveranstaltungen, offene Straßendiskussionen, ein Festival des politischen Liedes und viele Rockkonzerte. Der

Sozialismus in der DDR zeigte sich von einer besonders schönen Seite. In gleichem Maße war eine Jugend herangewachsen, die viele Fragen hatte.

Das Spiel, alle Möglichkeiten zu nutzen und sich in gewisser Weise anzupassen, führte zu einem massenhaften Opportunismus in der DDR-Bevölkerung.

Wenn eine Sache nicht ging, ging eine andere.

Ein mir bekannter Mitarbeiter eines Instituts war noch kein Reisekader. Mitarbeiter dieses Instituts hielten international Vorträge.

Mein Bekannter arbeitete einen entsprechenden Vortrag aus und trug ihn seinem Chef vor.

Das Thema und die Zeit waren auf den Punkt gewählt. Es gab keinen, der diesen Vortrag an seiner Stelle hätte halten können. Er wurde Reisekader mit allem, was dazu gehört.

Nach der Wende ging er wenige Jahre später in die USA.

Jugend und Sport ist ein großes und erfolgreiches Feld in der DDR gewesen. Es gab Kindersport, Schulsport, Breitensport, Massensport, Betriebssportgemeinschaften und den Leistungssport.

Die DDR war international in allen olympischen Disziplinen erfolgreich.

Vor dem Ende der DDR wurde kein Sportler der Einnahme unerlaubter Mittel überführt. In vielen Bereichen des Leistungssports geht es nicht mehr mit Spinat und Ei.

Im Leistungssport wird der Trainer gefragt, was noch machbar ist, dann wird der Techniker gefragt und zum Schluss der Sportarzt. Diese Vorgehensweise kann man nicht diskreditieren. Der Sport war ein politisches Aushängeschild dieses kleinen Landes und dort wurden beste Bedingungen geschaffen.

Viele Einrichtungen des DDR-Leistungssports wurden nach 1989 weiter genutzt, wie zum Beispiel das Leistungszentrum »Kienbaum« bei Berlin.

Nicht jeder Sieg eines DDR-Sportlers hatte mit Doping zu tun. Offensichtlich ist es aber so, das im DDR-Leistungssport, wie auch in der übrigen Welt, unerlaubte unterstützende Mittel verwendet wurden.

Bei den Olympischen Spielen 1972 in München holte die DDR mit 20 Siegen den dritten Platz in der Nationenwertung. In Montreal, 1976, übertrumpfte die DDR-Mannschaft mit 40 Goldmedaillien die US-Amerikaner und kam auf Platz zwei.

Besonders die Schwimmerinnen waren wegen ihrer Athletik und ihrer Schnelligkeit aufgefallen. Als der Trainer auf die tiefen Stimmen seiner Schützlinge angesprochen wurde, kam der Satz: »Die sind zum Schwimmen hier und nicht zum Singen.«

Das Gerücht, das DDR-Schwimmer Heliumgas im Gesäß hatten, um eine optimale Lage im Wasser zu erreichen, hat sich nicht bestätigt. Der Nachweis wäre auch schwer gewesen.

Die Kultur in der DDR war immer eine Zerreißprobe der verschiedenen Geister. Warum auch nicht? Kultur, Philosophie und Politik waren schon immer ein spannendes Feld.

Nach dem zweiten Weltkrieg brauchten die Amerikaner, Russen, Engländer und Franzosen sich nicht neu erfinden. Die neue BRD wurde amerikanisiert und in der DDR sollte es nach sowjetischem Kulturmuster weitergehen. Der Bundesbürger nahm die Amerikanisierung an, der DDR-Bürger lehnte eine Vereinnahmung durch die sowjetische Kultur ab. Das bedeutete nicht, dass er russische Märchen nicht liebte. Er war auch offen für ein Kennenlernen. Ein Überstülpen einer fremden Kultur war aber nicht möglich. In diesem Punkt war der DDR-Bürger deutscher als deutsch.

Manche Wege sind sehr steinig. Der »Bitterfelder Weg« war voller Felsen. Der »Bitterfelder Weg« sollte in der DDR eine neue programmatische Entwicklung der sozialistischen Kultur einläuten und den Weg zu einer eigenständigen »sozialistischen Nationalkultur« weisen. Diese sollte den wachsenden künstlerisch-ästhetischen Bedürfnissen der Werktätigen entgegen kommen.

Das ist keine falsche Orientierung. Der DDR-Bürger wollte aber von Anfang an die ganze Welt der Kultur.

Walter Ulbricht konnte das »Yeah, yeah, yeah« der Beatles im Song »She loves you« nicht als englische Lebensfreude deuten. Er war der Meinung, dass es für den arbeitenden Menschen in der DDR doch etwas anderes geben sollte. Hier irrte er.

Es gab 1959 und 1964 eine Bitterfelder Konferenz. Die erste Beatles-Schallplatte von AMIGA kam 1965 auf den ostdeutschen Markt. Bis zum Jahr 1989 erschienen 600 verschiedene Lizenz-Produktionen bei AMIGA.

Unzählige namhafte internationale Künstler gastierten auf den Bühnen des kleinen sozialistischen Landes. Die Bezahlung erfolgte in Devisen und Naturalien, wie Meißner Porzellan oder Musikinstrumenten besonderer Güte.

Es entwickelte sich tatsächlich ein bunter Mix aus allem.

Trotz aller Zensur entstanden gute Filme, gutes Theater, eine Kultur des politischen Liedes mit Einflüssen aus der

US Folk Revival und den Hootenanny-Klubs. Aus diesem Bereich sind Namen wie Perry Friedman und Pete Seeger zu nennen. Aus den ersten Hootenanny-Klubs der DDR wurde dann der Oktoberclub und die Singebewegung. Ich selber sang und spielte während meiner Lehrzeit in einem Singeclub der Schiffswerft »Neptun«. Die Singebewegung war eine Mischung aus Folklore, Skiffle, Volksmusik, Chanson und Rock. Aus dieser Umgebung starteten viele gute Künstler Karrieren als Sänger, Texter oder Rockmusiker.

In der DDR entwickelte sich eine eigenständige Rockmusik. Sie war geprägt von handwerklichem Können und solider musikalischer Ausbildung.

Da es immer wieder Probleme mit politischen Texten gab, entstand eine Poesie-, Lyrik-, Rock- und Pop-Kultur, die es so nur in der DDR geben konnte.

Der Hamburger Musikagent Peter Schimmelpfennig fand es bemerkenswert, eine rein deutschsprachige Musikszene zu erleben und begann Geschäfte mit dem VEB Deutsche Schallplatte. Für Devisen lockerten die Verantwortlichen schon mal die Bedingungen. Das Musikgeschäft in der DDR kam ohne Westtechnik nicht aus. Es sollte ja auch alles auf internationalem Niveau sein. Künstler von Klassik bis Rock bekamen Auftritte im Westen und gaben einen großen Teil ihrer Gage in den Haushalt des Arbeiter- und Bauern-Staates. Die Rock-Band »Karat« produzierte im Westen des Landes zwei goldene Langspielplatten.

Rock-Musiker brauchten natürlich auch entsprechende Technik. Es gab einen Laden in Ostberlin, der völlig überteuert war. Musiker und Künstler tauschten Ost- gegen Westgeld, um an bestimmte Dinge heranzukommen. In der Szene war ein Pfarrer bekannt, er hieß dazu noch Gottfried, bei dem man 1:5 tauschen konnte. Durch einen puren Zufall bekam der Gitarrist einer DDR-Spitzenband über einen späteren Fernsehbericht mit, dass Gottfried ein Stasimann war.

In Künstlerkreisen war nicht jeder ein reicher Mann oder eine reiche Frau, das weiß man ja aus der Kunstszene. In der DDR gab es aber auch reiche Künstler. Einzelfälle schafften es zum DDR-Mark-Millionär.

Aus anderen Kreisen sind mir keine DDR-Mark-Millionäre bekannt.

Internationale Solidarität

Die DDR-Bevölkerung war mit den notleidenden Völkern dieser Welt solidarisch. Diese Solidarität begann schon am 09.09.1950 mit der Bildung des » Korea-Hilfsausschusses«, der 1954 umgebildet wurde für Korea und Vietnam. Die Welt war im Umbruch. Immer mehr Staaten befreiten sich von den Kolonialmächten. 24 Staaten in Afrika erreichten von 1958 bis 1962 ihre nationale Unabhängigkeit. Solidarität wurde geübt für Völker in Asien, Afrika und Lateinamerika. Es waren Länder wie Libanon, Chile, Laos, Vietnam, Kongo, Angola, Südafrika, Äthiopien, Algerien, Namibia, Ägypten, um nur einige zu nennen.

Dieses Solidaritätsaufkommen bedurfte einer guten Organisation durch das Solidaritätskomitee der DDR. Es ging nicht nur um Waren, wie zum Beispiel Fahrräder und Nähmaschinen für Vietnam. Die Hilfe mit Nahrungsmitteln, medizinischem Gerät, Ausbildung in den Ländern und in der DDR, Bau von Krankenhäusern und Arbeitsleistungen von Entwicklungshelfern machte einen großen Umfang aus.

Bei einem Urlaubsaufendhalt im Jahr 2005 auf Grenada, hatten wir einen deutschsprachigen Reisebegleiter. Er hatte in Leipzig Medizin studiert.

Das Solidaritätsaufkommen entwickelte sich von 2,5 Millionen DDR-Mark 1961, bis auf 200 Millionen DDR-Mark im Jahr 1989. Das höchste Solidaritätsaufkommen gab es 1988 mit 255 Millionen DDR-Mark.

Diese Spenden wurden nicht einfach durch den Staat bereit gestellt, sondern es waren Spenden der Bürger der DDR. Der »Freie Deutsche Gewerkschaftsbund« (FDGB) war der größte Spender. Weitere Spenden kamen aus der Vereinigung der gegenseitigen Bauernhilfe, der landwirtschaftlichen und gärtnerischen Produktionsgenossenschaften (VdgB), dem »Demokratischen Frauenbund Deutschlands« (DFD), dem Kulturbund, der »Nationalen Front«, Hausgemeinschaften, Wohnbezirksausschüssen, den Handwerkskammern, Handels- und Gewerbekammer, der »Freien Deutschen Jugend« (FDJ), dem Verband der Journalisten (VDJ), dem Verband der Konsumgenossenschaften (VdK), dem Verband der Kleingärtner, Siedler und Kleintierzüchter (VKSK), den Angehörigen der Nationalen Volksarmee, des Innenministeriums, des Ministerium für Staatssicherheit, der Zollverwaltung, der »Gesellschaft für Sport und Technik« (GST), den Kirchen und Religionsgemeinschaften. Des Weiteren gab es Einzahlungen von Einzelbürgern, Verfolgten des Naziregimes, Betrieben und Schulen.

Jede DDR-Mark landete dort, wo sie hin sollte. Es wurde kein Geld abgezweigt oder veruntreut.

Das Prinzip der Freiwilligkeit wurde kaum verletzt. Ein gewisser moralischer Druck war aber immer vorhanden.

Wenn sich jemand verweigerte, konnte er schon mal schief angeschaut werden. In Einzelfällen, musste man sich auch dem Kollektivzwang beugen. Wer wollte schon gegen Frieden, Völkerverständigung, Freundschaft und Solidarität sein.

Es gab natürlich auch von Seiten des Staates Unterstützung in anderen Ländern. Das gigantische Zementwerk für den Wohnungsbau auf Kuba ist ein Beispiel von vielen. Es konnte leider auch passieren, dass hochwertiges medizinisches Gerät zu lange in Havanna an der Pier stehen blieb. Ein Seemann beobachtete bei einem erneuten Einlaufen seines Schiffes in Havanna, dass lediglich die Verpackung bunt angemalt war. Es war nicht zu vermeiden, dass so manches hochwertige Solidaritätsgeschenk nicht seinem eigentlichen Zweck zugeführt wurde.

Es war wichtig, dass Solidarität geübt und so das Leben vieler Menschen erleichtert wurde, auch wenn die Welt nicht die gewünschte Entwicklung einschlug.

Die völlig falsche Annahme, dass Länder, die einen nicht kapitalistischen Weg einschlagen wollen, automatisch einen sozialistischen einschlagen, gehört zu den Grundfehlern dieser Zeit.

Im Grunde haben die alten Kolonialstaaten ihre Macht über diese Länder bis heute nicht aufgegeben. Vieles hat mit Ausbeutung, Korruption und Krieg zu tun.

Alle Länder haben ihre eigene Kultur, Geschichte, Religionen und inneren Strukturen.

Nicht jedes Land ist für eine Demokratie schon vorbereitet oder geeignet. Der Rest der Welt sollte das akzeptieren und diese Länder nicht ausplündern.

Es gibt Länder, da hat der Älteste das Sagen oder die Großmutter einer Sippe. Da ist es völlig egal, wer gerade an der Macht und an der Spitze ist.

Die DDR musste sich an den Westen unter Wert verkaufen, wurde von ihrem »Großen Bruder« ausgenommen und war mit den armen Ländern dieser Welt solidarisch.

Mit welchem Land auf dieser Welt sollte man die Lebensleistung dieser Bevölkerung vergleichen können (Zahlen aus »Nie Vergessen/Solidarität«).

Das Ende der Deutschen Demokratischen Republik

Das Ende der DDR lässt sich nur vom Ende der Sowjetunion her denken. Sie war ein Gebilde, das nicht durch eine proletarische Revolution entstanden war. Sie war ein Ergebnis des Zweiten Weltkrieges.

Auf einem Spaziergang zweier sowjetischer Spitzenfunktionäre im Herbst 1984 wurde dieses Gebilde als künstlich und widernatürlich eingestuft. Es wurde davon gesprochen, eine grundsätzliche Änderung herbeizuführen. Die Spaziergänger waren Eduard Schewardnadse und der Staatschef der Sowjetunion, Konstantin Tschernenko (ARD-Interview Erich Honecker 1991). Auf Tschernenko folgte Gorbatschow. Schewardnadse wurde unter Gorbatschow Außenminister.

Es begann das Fiasko eines Bruderbundes. Die sowjetische Führung traf Entscheidungen unter Ausklammerung ihrer Verbündeten. Die Interessen der Sowjetunion standen im Vordergrund.

Auf dem Treffen der Ostblockstaaten im Juli 1989 in Bukarest war das Klima eisig. Es kam zum Bruch des Ostblocks.

Die Ungarn wollten ihre Grenze öffnen, die Polen vertrauten auf den Papst und Gorbatschow hatte seine eigenen Pläne.

Jeder verfolgte seine eigenen Interessen.

Die Denkweise, grundsätzlich etwas ändern zu wollen, war völlig folgerichtig. Die Herren hatten aber nicht bedacht, dass sie der Geburtsfehler der Revolution von 1917 einholen würde und die Sowjetunion zerstört. Wer je einmal eine Matrjoschka-Puppe geöffnet hat, weiß, dass fortlaufend spannende Überraschungen folgen. In diesem Vielvölkerstaat hat jedes Volk seine eigene Geschichte. Man muss nicht zu tief in die Wissenschaft einsteigen, um die Eckpunkte zu benennen. Die Sowjetunion hat keine Phase einer wirklich entwickelten kapitalistischen Gesellschaft durchlebt. Der Aufbau eines Sozialismus aus dem Feudalismus heraus ist nicht definiert. In der Mathematik ist die Division durch Null auch nicht definiert.

Die Unfähigkeit, aus dem Durchgangspunkt der Diktatur des Proletariats in eine Demokratie zu kommen, ist der Geburtsfehler der russischen Revolution. Die Antwort war leider der Totalitarismus, beginnend mit Lenin und seiner Bolschewiki und nicht mehr endend und umzukehren unter Stalin. Die Diktatur des Proletariats hat nur die Aufgabe, ein Wiederherstellen der alten Zustände nach einer Revolution zu verhindern. Das hat nicht zur Konsequenz, dass man seine Gegner liquidiert. Dass im Jahr 1987 Anhänger der Zarenzeit in schwarzen Uniformen auf Moskaus Straßen demonstrierten, ist ein äußerliches und deutliches Zeichen der Erinnerung an die Zarenfamilie. Es hat niemand das Recht, die Geschichte eines Volkes auf die Müllkippe zu werfen. Wir brauchen die Demokratie wie die Luft zum Atmen. Es darf sich keine Diktatur einer Partei oder Clique herausbilden.

»Die Annahme, dass Marx in dieser Hinsicht ein allgemeingültiges Konzept vorgelegt hätte, ist irrig. Der Begriff ›Diktatur des Proletariats‹ taucht an einigen verstreuten Stellen seines Werkes immer wieder in kurzen Passagen auf. Diese Passagen haben eher tagespolitischen Charakter, sind eine Reaktion innerhalb eines ganz bestimmten historischen Kontextes und man kann nachvollziehen, wie sich das, was Marx inhaltlich damit verband, je nach Situation verändert hat.«[15]

»Die Freiheit ist immer nur die Freiheit des anders Denkenden. Nicht wegen des Fanatismus der Gerechtigkeit, sondern weil all das Belehrende, Heilsame und Reinigende der politischen Freiheit an diesem Wesen hängt und seine Wirkung versagt, wenn die Freiheit zum Privilegium wird.«[16]

Hinter diesen Anspruch darf nie wieder ein politisches Konzept zurückfallen.

Die sozialistische Demokratie beginnt da, wo die Polizei oder Geheimpolizei keine politische Funktion mehr hat. Sie hat nur die Aufgabe, Gesetzesverletzer im juristischen Sinn dingfest zu machen.

Karl Marx verstand sein Werk nicht als Bibel, sondern als einen lebendigen Lernprozess. Am deutlichsten kann man das an der enormen Wandlungsfähigkeit des heute hochentwickelten Kapitalismus ablesen.

---

15 Rosa Luxemburg; Mensch sein ist vor allem die Hauptsache, Gedanken einer Revolutionärin, Hrsg. Bruno Kern, Marix Verlag Wiesbaden.
16 Rosa Luxemburg

Wenn man weiß, dass die Dinge geändert werden müssen und sie immer wieder vertagt, ist die ganze Sache eines schönen Morgens, vom Winde verweht.

Mit dem Beginn der neuen Politik von Gorbatschow und der Passivität der DDR-Führung gab es keine Möglichkeit mehr, den Ausverkauf der DDR noch zu verhindern. Jeder, der diese Zeit genau verfolgte, musste erkennen, dass die DDR auf dem Altar des Sozialismus geopfert wurde. Die DDR war immer ein Spielball der Sowjetunion. Sie war nie ein wirklich souveräner Staat.

Die Führung der DDR war so blind, dass sie die Kommunalwahlen vom 7. Mai 1989 manipulieren ließ und somit dem Volkszorn noch mehr Öl ins Feuer kippte. Es gab in allen großen Städten der DDR eine zunehmende Zahl an Wahlverweigerern. Das waren Tausende, aber keine Millionen. Aus kleinen Demonstrationen gegen den Wahlbetrug wurden immer größere.

Es ist klar, dass einige Demonstranten von der Vorstellung getrieben waren, dass die ergiebigere Saat immer auf dem fremden Feld steht und das Euter der Kuh des Nachbarn das größere ist. (Martin Luther)

An der Wendepropaganda und Nachwendepropaganda kann man der SED-Führung allerdings keine Schuld geben.

Die Demonstrationen in Leipzig wurden ab dem 13.11.1989, wenige Tage nach Grenzöffnung, von westdeutschen Demonstranten und Parteien bereichert. Die Bundes-CDU hatte den festen politischen Auftrag, die Meinungsführerschaft an sich zu reißen. Aus dem Ruf »Wir sind das Volk« wurde der Ruf »Wir sind ein Volk«.[17]

17 Deutsche Rufe (2/8); siehe im Anhang

Bei der Militärkonzentration auf dem Gebiet der DDR fiel kein einziger Schuss, weil der Befehl dazu fehlte. Moskau hatte den Verkauf der DDR bereits eingeleitet.

Die Plünderung der Deutschen Demokratischen Republik

Es ist hypothetisch anzunehmen, dass die Plünderung der DDR in dem Prozess von 1985 bis 1989 zu irgendeinem Zeitpunkt zu verhindern gewesen wäre.

In diesem Zusammenhang ist es nicht erlaubt, in einen Konjunktiv zu verfallen.

Im Laufe der Novemberereignisse von 1989 entstand die Regierung unter Ministerpräsident Hans Modrow. Ab dem 5. Februar 1990 nahm diese Regierung Vertreter der oppositionellen Gruppen als Minister ohne Geschäftsbereich auf. Es entstand die Regierung der nationalen Verantwortung. Diese Regierung wurde nach den ersten freien Wahlen von der Allianz für Deutschland unter Ministerpräsident Lothar de Maizière abgelöst. Diese Regierung nahm ihre Arbeit am 12.04.1990 auf und führte die Beitrittsverhandlungen der DDR zur BRD.

Unter der Regierung Modrow entstand das Gesetzblatt »Zur Wahrung des Volkseigentums« in treuhändischer Verwaltung. Die Regierung de Maizière erließ ein Gesetzblatt mit dem Inhalt: »Das Volkseigentum ist zu privatisieren«.

Über die Folgen dieses Unterschiedes wurde nicht geredet.

Mit der Einführung der Deutschen Mark gab es in der DDR-Wirtschaft einen Urknall, dessen Dimension nie in die Perspektive gerückt wurde. Produktionskosten und Löhne machten die Wettbewerbsfähigkeit zunichte.

Das größte Betrugskapitel in der deutschen Geschichte nahm seinen Lauf.

Bevor die Treuhand ihre Arbeit aufgenommen hatte, wimmelte es im Osten des Landes schon von Beratern, Rechtsanwälten, Goldsuchern, Größenwahnsinnigen, Kriminellen aller Art und DDR-Seilschaften.

Das Vermögen der DDR-Banken verschwand als erstes lautlos in westdeutschen Banken. Banker haben die ausgeprägteste Sensorik in solchen Zeiten. Hier lagen die Fakten für Ost und West sofort auf dem Tisch und es wurde nicht gezögert.

Vertreter der Banken machten eine Kreditgewährung an die Treuhandanstalt von einer eindeutigen Ausrichtung ihrer Aufgabenstellung auf ein Privatisieren der Staatsbetriebe einschließlich Grund und Boden und der Gewährung entsprechender Sicherheiten für die jederzeitige Zahlungsfähigkeit der Anstalt abhängig.

Die Treuhand suchte ab August 1990 Wirtschaftsprofis im Westen, um die DDR-Wirtschaft zu privatisieren. Es gab durchaus Leute, die im guten Glauben waren, sich an einer Aufgabe von geschichtlicher Dimension zu beteiligen.

Der erste Chef der Treuhand war Detlev Karsten Rohwedder. Er war ein Wirtschaftsprofi und ein Sanierer. Rohwedder wollte funktionsfähige Betriebe erhalten, da wo sinnvoll sanieren und marode Betriebe liquidieren. Er wollte gestalten und als Sanierer mit Herz gesehen werden.

Rohwedder vor einer Kamera: »Wir werden durch eine Phase der Probleme und Risiken gehen, aber ich bin fest davon überzeugt, dass schon mittelfristig die Situation für die Menschen in den Betrieben, für die Arbeitnehmer, wesentlich besser sein wird als unter dem alten Regime – das ist ja auch der Sinn der Sache.«

Am Rednerpult der ehemaligen Volkskammer der DDR machte er sich Luft über die Zustände die diesen Prozess begleiteten.

Er sagte: »Hier wird mit härtesten Bandagen gefochten, hier wird, was die Treuhand angeht und die Verfolgung kommerzieller Interessen, auch wirklich jede Scham beiseitegelegt. Es ist ein bisschen wie im Wilden Westen und manche Leute nehmen sich der Treuhand gegenüber Unverschämtheiten heraus, die im Westen schlicht unmöglich wären.«

Unter Rohwedder wurden Verkäufe verhindert, die jeglichen kaufmännischen Regeln widersprachen und jeder Moral entbehrten.

Die Treuhand wollte schließlich ein Geschäft aus der Privatisierung der DDR-Volkswirtschaft machen. Sie arbeitete nach dem Treuhandgesetz vom 17. Juni 1990 der Regierung de Maizière.

Detlev Karsten Rohwedder wurde am 1. April 1991 erschossen. Dieser Mord ist bis heute nicht aufgeklärt.

Die Nachfolge von Rohwedder trat Birgit Breuel an.

Mit ihr nahm der Ausverkauf der DDR-Wirtschaft noch einmal mehr Fahrt auf. Die DDR-Wirtschaft befand sich 1994 zu 85 % in westdeutscher Hand. Die Filetstücke gingen schnell weg, unliebsame Konkurrenz wurde beseitigt und alles andere wurde verhökert.

Schnelle Verkäufe wurden prämiert, – ein fataler Anreiz zum Plattmachen.

Die gesamte DDR-Wirtschaft war Eigentum der Treuhand. Sie hatte mehr Macht als gewählte Regierungen der Ostländer.

In diesem ganzen Prozess hat nie eine deutsche Bank auch nur eine Deutsche Mark als Risiko getragen und trotzdem bei Kreditvergabe Marktzinsen bei Krediten verlangt. Der Bund sicherte alle Vorgänge mit einer Globalbürgschaft ab.

Die Handlungen der Treuhand wurden unter Straffreiheit gestellt. Die Treuhand wurde zur Freihand. Erst ab 13. September 1993 gibt es erste Ermittlungen gegen die Treuhand. Es gibt einen Untersuchungsausschuss und es wurden Delikte der Vereinigungskriminalität untersucht.

Für den Umgang mit dem DDR-Wirtschaftsvermögen gab es laut Marktwirtschaftlern keine Alternative. Die Treuhand wurde aufgelöst und Staatsanwaltschaft sowie die Kriminalpolizei stehen vor einem Massenproblem. Sie können die Arbeit nicht bewältigen.

Ein Treuhandvorstand (1990–1994) sagte: »Es ist ein Triumph der Marktwirtschaft, so eindeutig den Vorzug bekommen zu haben – ich weiß nicht, ob die Marktwirtschaft das verdient hat.«[18]

Er war ein Wirtschaftsmann, der die wirtschaftliche Situation der alten BRD mit Sicherheit gut einschätzen konnte.

Den betroffenen DDR-Bürgern musste klar sein, das niemand mehr kam, um sich für Massenarbeitslosigkeit und falsch eingestufte Renten zu entschuldigen. Das Leben hat keine Nachspielzeit. Statistisch betrachtet, ist jeder vierte DDR-Bürger ein Verlierer.

»Nie zuvor ist in Friedenszeiten derart viel Sach- und Humankapital unsinnigerweise außer Dienst gestellt, gar vernichtet worden. Die gesamte Volkswirtschaft eines Staates wurde kurzfristig zum Verkauf angeboten, obwohl

18 Doku: »Die DDR – Plünderung im Namen der Einheit«; https://www.youtube.com/watch?v=lk2FcP3qPAw von 21.12.2016

bekannt war, dass die Ostdeutschen über wenig Eigenkapital verfügten, als Käufer also kaum in Betracht kamen.«[19]

Detlev Karsten Rohwedder nannte die Zahl von 600 Milliarden, die der ganze Salat Wert sei. Diese Zahl versteht sich ohne Gebäude und Grundvermögen. Diese Zahl kann man also verdoppeln oder verdreifachen und durch 16 Millionen DDR-Bürger teilen. Es bleibt eine positive Zahl als Vermögen pro Kopf.

Die DDR war zu keinem Zeitpunkt pleite oder zahlungsunfähig (so im Bericht der Deutschen Bundesbank von 1999)[20].

Am Ende der Treuhand gab es einen Erblastenschuldenfond der einheitsbedingten Schulden von 250 Milliarden.

Verantwortliche Treuhandmanager führen ins Feld, das es viele Bücher darüber gibt, wie der Kapitalismus im Sozialismus oder Kommunismus endet. Es gäbe aber kein Buch für den umgekehrten Weg. Das gipfelt in dem Buchtitel von Birgit Breuel »Ohne historisches Vorbild«. Für die tatsächlichen Ereignisse war ein Buch allerdings schon lange geschrieben. Dieses Buch hat den Titel »Das Kapital« von Karl Marx.

»Das Kapital hat einen Horror vor Abwesenheit von Profit oder sehr kleinem Profit, wie die Natur von der Leere (Die Natur hat einen Horror vor dem Vakuum).

Mit entsprechendem Profit wird Kapital kühn. 10 % sicher, und man kann es überall anwenden, 20 % es wird lebhaft, 50 % positiv und waghalsig, für 100 % stampft es

---

19 Christa Luft, Finanzministerin unter Modrow in der DDR

20 Jan Dams, Die DDR war in Wahrheit gar nicht pleite; Welt.de https://www.welt.de/wirtschaft/article134088763/Die-DDR-war-in-Wahrheit-gar-nicht-pleite.html vom 7.11.2014

alle menschlichen Gesetze unter seinen Fuß, 300 %, und es existiert kein Verbrechen, das es nicht riskiert, selbst auf die Gefahr des Galgens.«[21]

Die deutschen Banken und das deutsche Kapital haben sich die Bäuche gehalten vor Freude und nie dabei den Galgen riskiert.

Wenn in der deutschen Öffentlichkeit in den vergangenen 30 Jahren viele Fragen gestellt wurden und werden, dann ist das ein gutes Zeichen. Alle Fragesteller sollten sich für einen ganz kurzen Moment vorstellen: »Deutschland wäre nach dem Zweiten Weltkrieg anders geteilt worden.«

21 Ein Zitat von P. J. Dunning 1860, das Karl Marx in einer Fußnote im »Kapital« bekannt machte.

Mein Aufbruch in die Marktwirtschaft

Die Deutsche Seereederei hatte technische Vertreter, die Schiffe der Reederei auch im Ausland betreuten. Dazu gehörten Reparaturen, Werftaufenthalte oder auch Neubauten. Ich wurde im März 1990 von einem Bauleiter angesprochen, ob ich bei einer Firmenneugründung mitmachen würde.

Diese Idee konnte nur geboren werden durch schon vorhandene Kontakte.

Ein Vertreter der Reederei hatte gute Beziehungen zu einer Bremer Firma der Elektrotechnik. Es lag also nahe, mich darauf anzusprechen.

Ich selbst war immer ein Mann, der Bewegung braucht und ein gesundes Risiko nicht scheut. Meine Zusage war daran geknüpft, das sich niemand in die fachlich-technischen Fragen einmischt. Auf diesem Sektor vertraute ich nur mir. Ich bekam die gewünschte Zusage und begann, die besten Leute, die ich kannte, dafür zu begeistern. Meine Überzeugungskraft scharte in sehr kurzer Zeit Kollegen um mich, die an fachlicher Kompetenz nicht zu überbieten waren. Darunter waren hervorragende Facharbeiter und Ingenieure. Wir deckten die ganze Palette der Schiffstechnik in Elektrotechnik und Elektronik ab.

Es war eine große Aufbruchstimmung und Freude unter uns. Wir schafften ein Beispiel, das für Aufmerksamkeit sorgte. Dazu gehörte natürlich auch Skepsis. Unsere ersten Aufträge bekamen wir über den Bremer Partner. Wir fuhren und flogen plötzlich durch die Welt, um irgendwo ein elektrisches Problem auf einem Schiff zu reparieren. Die Einsätze waren oft brandheiß. Man landete auch auf so manchem Seelenverkäufer, auf dem es weder technische Unterlagen gab, noch technische Unterstützung durch die Besatzung. Wir waren als Einzelperson oder zu zweit unterwegs. Wir kamen immer erfolgreich und heil zurück.

Mein erster längerer Einsatz war im Forschungszentrum eines Ölunternehmens. Das war im Mai 1990. Es hatte sich ein Vorstand des Unternehmens zu Besuch angekündet. Das war nur mit einem Staatsbesuch vergleichbar. Auf jeden Fall wurde der ganze Laden umgekrempelt.

Ich hatte die Aufgabe, einen neuen Prüfstand für einen Mercedesmotor aufzubauen. In diesem Forschungszentrum wurden die verschiedensten Motore gefahren, um Öle, Fette und Kraftstoffe labormäßig zu testen.

Die ganzen Arbeits- und Lebensbedingungen haben mir gefallen. Ich hatte einen Schlosser an meiner Seite, den ich bei Bedarf hätte einsetzen können. Er war ein toller Typ, der mir den Westen gut erklärt hat. Sein Arbeitsbeginn war Montag zwischen 9 und 10 Uhr. Der erste Weg führte ihn ins Magazin (Lager), um Kleinigkeiten zu holen. Er war Hausbesitzer und brauchte immer ein bisschen Kleinmaterial. Er meinte: »Wenn du das nicht gleich erledigst, hast du die ganze Woche nichts geschafft.« Ich erinnerte mich daran, dass wir auch die eine oder andere Kleinigkeit nach Hause getragen haben. Für mich stand fest, dass der Sozialismus in der DDR daran nicht gescheitert war.

Nach einem kurzen Beschnuppern des Exoten aus dem Osten wurde ich in die Feierabendgestaltung mit eingebunden. Bei »Aldi« wurden Schokoküsse und Sekt für die Kühltasche gekauft und dann ging es zum Sport und in die Sauna. Anschließend Abendessen und reichlich Getränke. Jeder fuhr mit seinem Auto nach Hause und ich dachte, das ist westliche Freiheit.

Ich musste bei einem Abendessen dieser Art meine Taschenuhr aus Ruhla versteigern. Ich verdiente ja noch DDR-Mark und meine Spesen reichten nicht aus.

Eines Abends wurde ich in die Wohnunterkunft meiner Montagearbeiterkollegen eingeladen. Sie hatten sich vorgenommen, mir das Whiskytrinken beizubringen. Ich ließ mich nicht lange bitten. Als Problem sollte sich herausstellen, dass ich mit meinem Golf nicht mehr den Ausgang aus dem Wohngebiet fand.

An einer Kneipe brannte noch Licht und ich fragte nach dem Weg. Es war in meinem Zustand sehr hilfreich, dass ich mein Hotel von der Treppe dieser Kneipe aus sehen konnte.

Mein Einsatz war erfolgreich und brachte mir den Westen näher.

In Rostock bekamen wir zunehmend Aufträge auf den Werften und im kommunalen Bereich.

Das nötige Material kam per Spedition aus Bremen. Mit zunehmenden Baustellen musste man natürlich auch vor Ort Material kaufen. Bei diesen Gelegenheiten stellte ich fest, dass das Material im Osten deutlich günstiger war, obwohl die Rabatte zu dieser Zeit noch nicht ausgeschöpft waren. In meiner Naivität machte ich darauf aufmerksam. Egal, was die Antwort darauf war, ich hatte die Marktwirtschaft um einen weiteren Schritt mehr begriffen.

Bei der Inbetriebnahme einer Heizungsanlage eines Kaufhauses, die wir gerade fertig gestellt hatten, traf ich einen mir bekannten Kollegen von Schiffselektronik Rostock.

Er war mittlerweile Servicemonteur eines großen Heizungsunternehmens geworden. Diese Arbeit gefiel mir. In meinem Kopf begann es zu arbeiten.

Die Anfangseuphorie war bei mir am Abklingen und ich wollte etwas anderes. Ich bewarb mich bei allen großen Heizungsherstellern Deutschlands für den Außendienst. Einer dieser Hersteller nahm mich als Servicemonteur.

Ich lernte dieses Handwerk sehr schnell und fing also ganz unten an. Eine wichtige Erfahrung ist, dass die Proleten aus Ost und West sich relativ schnell verstehen, obwohl sie etwas anders geartet sind. Sie hatten ja immerhin andere Lebenswelten.

Ich fuhr in der Einarbeitungszeit meine Einsätze im Süden Deutschlands, bis es in Rostock und in Mecklenburg-Vorpommern durch den Verkauf von Heiztechnik genügend Bedarf gab.

Es ist markwirtschaftliche Logik, dass der Umsatz der westlichen Niederlassungen im Osten solange aufrecht erhalten wird, solange es irgendwie geht.

Marktwirtschaftlich ist das weder ein gutes Geschäft noch logisch. Das kann man besser machen. Es war damit klar, dass die Niederlassung Rostock erst einen eigenen Kundenstamm aufbauen musste. Für ein ostdeutsches Gehirn ist es nicht zu verstehen, dass man um ortsansässige Kunden ringen muss und daraus ein Wettbewerb in ein und demselben Unternehmen entsteht.

Ich nahm mich der Situation an, indem ich mich als Außendienstler empfahl. Als Ersatz für mich als Servicetechniker warb ich erst einen und später einen zweiten Mann aus meiner Vorgängerfirma ab.

Es war sehr wichtig, Superleute im Service zu haben. Die Heiztechnik in der DDR bestand im Wesentlichen aus Festbrennstoffen und Fernwärme. Mit dem Einzug der Westtechnik musste umgelernt werden. Es galt nun, Gas- und Ölfeuerung zu beherrschen. Der Kunde muss sich blind auf den Hersteller und dessen Service verlassen können.

Dieses Feld konnten wir anbieten und der Erfolg gab uns Recht. Unsere Niederlassung wuchs und ich übernahm die Niederlassungsleitung.

Es versteht sich von selbst, dass ich die Sprache der Handwerker sprach. Der Humor in der Zusammenarbeit kam nie zu kurz. Der Menschenschlag in Mecklenburg-Vorpommern wird oft als zurückhaltend beschrieben. Das ändert sich sofort, wenn man zu ihnen gehört. Ich wurde zum Beispiel zur Taufe eines Segelbootes eingeladen. Dem betreffenden Handwerker war sein altes Boot abgesoffen. Auf meine Frage, wie das Boot denn heißen solle, sagte er: »Unsinkbar Zwei«. Zurückhaltung ist dem Mecklenburger eigentlich fremd, manchmal sprudelt es geradezu aus ihm heraus.

Ein Spediteur musste einen Flüssiggastank für eine Heizungsanlage auf die Insel Hiddensee liefern. Der Spediteur schloss den Vertrag mit Transportkosten und Kosten für die Überführung mit der Fähre. Da ein leerer Flüssiggastank im Wasser schwimmt, konnte er den Tank zu deutlich geringeren Kosten von Rostock bis Hiddensee mit einem kleinen Motorboot als Zugpferd an Ort und Stelle bringen.

Mit der Wende kam auch das Golfspiel nach Ostdeutschland. Ein Handwerker auf der Insel Rügen wollte auf alles vorbereitet sein. Er versenkte Reste von Plastikrohren entsprechenden Durchmessers in seinen Rasen vor seinem Bürogebäude. Die neue Pausen- und Freizeitgestaltung führten ihn später zur Platzreife.

Der fröhliche Däne wird oft als Italiener des Nordens

bezeichnet, weil Dänemark das südlichste Land in Skandinavien ist. Für Mecklenburg-Vorpommern muss das noch mal neu gedacht werden.

Die Handwerksbetriebe waren zum Teil starke Mittelständler. Wir betreuten nicht nur Handwerker, sondern auch Planungsbüros, Wohnungsunternehmen und nicht zu vergessen, die Gilde der Schornsteinfeger. Jede dieser Gruppen verlangt eine spezielle Betreuung. Der Schornsteinfeger meines Kehrbezirkes bekam schon zu DDR-Zeiten sein Fleischpaket ohne anzustehen. Der Fleischer dachte sich eines Tages: »Warum eigentlich?« Er stellte diese Selbstverständlichkeit ein. Der Fleischer hatte nicht bedacht, dass der Schornsteinfeger für alle Feuerstätten zuständig ist und seine Räucherkammer kurzerhand sperrte. Der Fleischer stellte den alten Zustand wieder her.

Der Überlieferung nach soll ein Schornsteinfeger mit seinem Moped und hoher Geschwindigkeit die Dorfstrasse zu seinem letzten Kunden an diesem Tag gefahren sein. Sein Reinigungsgerät, das er auf der rechten Schulter trug, hatte sich soweit abgewickelt, dass die Eisenkugel und der Besen über das Kopfsteinpflaster schliffen und Funken verursachten. Der Begriff Feuerstuhl hatte nun endlich seine Bedeutung. Der Kunde hatte wunschgemäß einen Flügel seines Hoftores zur Durchfahrt geöffnet. Der Schornsteinfeger donnerte trotzdem an den feststehenden Flügel. Der Grund dafür ist nicht überliefert.

Das Handwerk der Schornsteinfeger hat sich ebenso grundsätzlich verändert, wie vieles in der Heiztechnik. Heutzutage ist er ausgerüstet mit hochwertiger Messtechnik und nimmt seine Verantwortung bei allen Feuerstätten, im Brandschutz und in der Lüftungstechnik wahr. Nichtsdestotrotz bleibt für ihn ein Haus ohne Schornstein, eine Scheune.

Für mich war die übliche Kundenbetreuung auch etwas Neues. Es entstand ja bei allen Herstellern ein Wettbewerb um jeden Kunden. Der Kunde nahm alle Unterstützung an, die seinem Geschäft diente. Der sehr große Erneuerungsmarkt in der Heiztechnik sorgte für sehr viel Arbeit für alle Beteiligten. Arbeit und Zeit waren die wichtigsten Stellgrößen. Zur Kundenbetreuung gehörten Präsentationen, Schulungen und Werksbesuche. Werksbesuche waren durch An- und Abfahrt immer sehr zeitaufwändig. Ich machte den Vorschlag, die Werksbesuche mit einem kleinen Flugzeug zu machen. Das brachte auf jeden Fall einen Tag Zeitersparnis und die Kosten waren etwa gleich hoch. In Mecklenburg gibt es die Flugplätze in Laage, in Parchim und in Trollenhagen. Zwei meiner Kollegen flogen nacheinander mit ihren Kunden ins Werk und alles war bestens. Als ich an der Reihe war, kam unser Flugzeug nicht. Auf Nachfrage beim Personal in Laage käme auch keins mehr. Ich hatte sechs Gäste von Wohnungsunternehmen, Planern und Firmeninhabern. Ich geriet unter Druck. In der Zwischenzeit war eine Maschine mit 26 Sitzplätzen aus Düsseldorf gelandet. Sie brachte Geschäftsleute nach Laage und wartete bis abends, um wieder abzufliegen. Der Flughafen Laage ist sehr übersichtlich und meine Not war groß. Ich verhandelte mit den Piloten und wir einigten uns auf 1000 DM pro Kopf. Ich wusste nicht, wo der Fehler lag, aber ich musste handeln. Die Piloten machten sich einen Spaß daraus, eine Landung mit Flugkunststücken auf dem Flugplatz in Siegen hinzulegen. Im Werk angekommen, hatte ich mittlerweile eine Telefonnummer über meine Sekretärin bekommen. Ich telefonierte und erfuhr, dass der Fehler bei der Fluggesellschaft lag. Der Chef dieser Gesellschaft war ein Mediziner. Er kam am nächsten Tag direkt nach einer OP und holte uns wieder ab. Er betankte seine Cessna und startete die Motoren. Der erste Motor startete erst einmal nicht. Seine Bemerkung darauf: »Wenn sie noch warm sind, wollen sie oft nicht so.« Als beide Motoren liefen, kletterten wir zum Himmel hinauf. Das Motorengeräusch ist nicht mit dem gleichmäßigen Laufen eines Autos vergleichbar. Auf den Tragflächen bildete sich Eis, das von Zeit zu Zeit geräuschvoll wegflog. Die Stimmung war angespannt. Meine Gäste waren erst nach der glücklichen Landung wieder in Plauderlaune.

Für mich und meine Mitarbeiter stand immer Freundlichkeit und hohe fachliche Kompetenz im Vordergrund. Zur Freundlichkeit und fachlichen Kompetenz kam natürlich auch die kaufmännische Seite. Die sozialistische Betriebsökonomie spricht von Gewinn. Die Ökonomie des Kapitalismus spricht von Profit. Der Unterschied liegt nur in der Verteilung.

Ich beherrsche die Grundrechenarten und war im kaufmännischen Bereich immer fair. Es ist nie vorgekommen, dass ich Land bei Ebbe verkauft habe.

Die Bewertung von Leistungen in einer Wettbewerbsform ist keine sozialistische Erfindung, sie gilt auch in der Marktwirtschaft. Unsere Niederlassung spielte immer im oberen Drittel mit. Im Jahr 2010 wurden wir Nummer Eins in Deutschland in Bezug auf Umsatz und prozentualer Steigerung. Für Mecklenburg-Vorpommern war das eine hervorragende Leistung.

Ich lernte in den Nachwendejahren viele Spielarten kennen. Nicht alles war gut. Es gab allerdings überwiegend schöne Momente und eine erfolgreiche Bilanz, bis hin in meinen Ruhestand.

Meine Reisetätigkeit durch Deutschland begann ja schon als Servicetechniker. Als Außendienstler und später als Niederlassungsleiter lernte ich Geschäftspartner in ganz Europa kennen. Ich reiste dienstlich und privat durch die Welt und erlebte auch eine Woche lang New York. Das Beeindruckende war die Leistungsfähigkeit der Menschen und Unternehmen.

Diese Eindrücke bestärken mich in der Hoffnung, dass diese Welt sich noch zum Guten kehrt.

Es muss möglich sein, dass dem normalen Menschenverstand eine Chance gegeben wird. Die Vorstellung, dass alles theoretische Denken der Vergangenheit und Zukunft über gesellschaftliches Zusammenleben den Todsünden der Menschen geopfert wird, ist unvernünftig.

Der Hass, der Neid, die Missgunst, der Egoismus, der Betrug, die Eifersucht und die Gier sollten nicht über den normalen Menschenverstand gewinnen.

Der normale Menschenverstand ist etwas Großartiges.

Nachwort

Zuerst will ich betonen, dass der Antrieb, etwas zu Papier zu bringen, den Anspruch hat, bunter und realistischer zu sein als üblich.

Natürlich kann man die DDR nur im tiefsten Grau beschreiben und man erntet noch nicht einmal Widerspruch. Dieser fehlende Widerspruch liegt an einer gewissen Gleichgültigkeit. Dieses ständige Wiederholen von »Wir hatten ja nichts« – noch nicht mal Hunger, ist langweilig und stimmt so auch nicht.

Ich habe weitestgehend darauf verzichtet, in irgendeinem Zusammenhang einen Konjunktiv zu benutzen.

Die Menschen hatten ihre Träume, ihre Helden und Erfolge. Sie richteten sich ein und hofften darauf, das Leben immer besser gestalten zu können. Das war eine Hoffnung, für die sie arbeiteten. Diese Hoffnung war nicht unberechtigt. Sie beruhte auf der immer besseren Verwirklichung der sozialistischen Ideale. Alles, was noch nicht erreicht war, sollte aber täglich vorangetrieben werden. Kaum ein DDR-Bürger kannte die ganzen Zusammenhänge, mit denen sich dieses Land auseinandersetzen musste. Die völlige politische Unselbstständigkeit gegenüber der Sowjetunion war nicht und konnte nicht im Bewusstsein der Bevölkerung stehen.

Es ist umso tragischer, dass tatsächlich eine große Leere in intellektueller Hinsicht eingetreten ist.

Die Geschichte ist unumkehrbar, auch wenn sie erst im

Nachhinein klar wird. Es geht nicht darum, Schuld zuzuweisen. Die Menschen brauchen jetzt keinen mehr, auf den sie schimpfen und die Verantwortung abschieben können.

Mit den alten und den jetzigen Regierungen sind die Herausforderungen der neuen Probleme offensichtlich nicht zu lösen.

Diese unsere Welt steht vor Aufgaben eines ungeahnten Ausmaßes. Es reifen Umweltprobleme, Hungerkatastrophen und Seuchen heran, die alle bisherigen Auseinandersetzungen in den Schatten stellen können.

Die Notwendigkeit eines politischen Umdenkens, in dem sich die von der Wirtschaft besessene Gesellschaft Zügel anlegen muss, liegt auf dem Tisch.

Die ökonomische Dimension für die Existenz der Menschheit auf diesem Planeten muss neu definiert werden.

Anhang

* Fakten zum Zustand der Sowjetarmee in der DDR.
Quelle: https://www.spiegel.de/spiegel/print/d-9158510.html

* Kriegsreparationen SBZ und DDR an die SU.
Quelle: RotFuchs, Juni 2015, RF-Extra • III.
Deutsche Rufe: » Wir sind das Volk« – »Wir sind ein Volk«

* Quelle: Beitrag vom 14.07.2014,
https://www.deutschlandfunkkultur.de/deutsche-rufe-2-8-wir-sind-ein-volk.1001.de.html?dram:article_id=291734

* »Neues Forum«, Oppositionsbewegung in der DDR mit der größten Breitenwirkung

* Ungarn erhält 1 Milliarde D-Mark aus dem Westen für die offizielle Grenzöffnung am 10.09.1989 um Mitternacht nach Österreich.
Quelle: Ostseezeitung 22./23. Juni 2019, Sonntag Extra Beilage, Interview mit Hans Modrow, S. VIII

* Ungarn erhält 20 Millionen Dollar aus dem IWF für Grenzöffnung nach Österreich am 10.09.1989,
Uwe Steimle: »Wir sind nicht nachtragend ..., vergessen aber auch nichts«, Faber & Faber, 2020

* Zu Walter Ulbricht: »Überholen ohne Einzuholen«.
Quelle: V. Parteitag der SED 1958, Rede von Walter Ulbricht

Das Gesetz der Negation der Negation:
Da sich jede Entwicklung als eine dialektische Negation bestehender Qualitäten vollzieht, wobei die neue Qualität alles Positive der alten in sich aufbewahrt, die Entwicklung auf dieser Stufe aber nicht stehen bleibt, so muss auch die neue Qualität ihrerseits eine Negation erfahren.
Als Resultat dieser zweiten Negation, also der Negation der Negation, entsteht eine neue Qualität, die – logisch gesehen – mit der ursprünglichen, der Position identisch sein müsste, die aber, da sie um die positiven, progressiven Seiten der beiden ersten Entwicklungsphasen bereichert ist, nur eine formale Ähnlichkeit mit dem Ausgangsstadium aufweist.
Die Entwicklung wiederholt im Stadium der Negation der Negation bestimmte Züge und Merkmale vorausgegangener Stadien auf höherer Stufenleiter und kann daher bildlich durch die Form einer Spirale veranschaulicht werden. – So ein Teil der Definition.

Quelle: Philosophisches Wörterbuch, Band II, Negation der Negation, S. 855 – VEB Bibliographisches Institut Leipzig 1975

Entwicklung MALIMO
Der Ingenieur Mauersberger aus Limbach-Oberfrohna hat mit seinem Team das sogenannte Nähwirkverfahren entwickelt. Quelle: https://de.wikipedia.org/wiki/Malimo, Stand 29.04.2019

Reisekader – Personen, die für ihr Unternehmen im kapitalistischen und sozialistischen Ausland tätig sein konnten. Sie waren mit entsprechenden Reisepapieren ausgerüstet.
1. Mai – Tag der Arbeit/Internationaler Kampftag der Arbeiterklasse
VEB – Volkseigener Betrieb
LPG – Landwirtschaftliche Produktionsgenossenschaft
ABV – Abschnittsbevollmächtigter
FDJ – »Freie Deutsche Jugend«
NVA – Nationale Volksarmee
AMIGA Musikverlag Schallplattengesellschaft mbh
IM – Informeller Mitarbeiter der Staatssicherheit

»Aktion Rose« – war eine Enteignungswelle an der DDR-Ostseeküste. Es wurden Hotels, Pensionen, Restaurants und Feriendomizile enteignet. Insgesamt waren es 440 Objekte. Der Angriff startete am 10. Februar 1953 durch 400 bewaffnete Volkspolizisten.
Bei allen Begründungen dieser Aktion war der eigentliche Hintergrund, dass die Sowjets einen Militärhafen errichten wollten; »Schutzzone Ostsee«. Vorbild war der sowjetische Militärhafen Murmansk. Aus den Plänen wurde am Ende allerdings nichts. Die enteigneten Objekte sollten Militär beherbergen.

»Swingvertrag« – Diese Verträge regeln einen Spielraum im Kompensationshandel. Innerhalb dieser Verträge wird immer ein Gleichgewicht angestrebt. Im Falle struktureller Ungleichgewichte führt dies zu einem Importüberschuss eines Staates. Ein negativer Saldo kann dann durch Devisenzahlungen des Importstaates ausgeglichen werden.

Russischer Volkswitz und Mentalität aus Vorträgen einer russischen Reiseführerin.
Flußkreuzfahrt vom 13.07. – 27.07.2019 auf MS »Wolga-Star« (autorisiert).

Literaturverzeichnis

Peter-Michael Diestel: In der DDR war ich glücklich. Trotzdem kämpfe ich für die Einheit, Das Neue Berlin 2019

»Fischgründe« – 60 Jahre Fischwirtschaft in Rostock Marienehe, Bundesverband Fisch Hamburg (040 381811)

Martin Luther; Die Wahrheit macht nicht viele Worte, Anaconda Verlag, Köln 2015

»Rosa Luxemburg; Mensch sein ist vor allem die Hauptsache, Gedanken einer Revolutionärin, Hrsg. Bruno Kern, Marix Verlag Wiesbaden

Hans Misselwitz; Mandat für Deutsche Einheit: Die 10. Volkskammer zwischen DDR-Verfassung und Grundgesetz, Leske + Budrich Verlag

Peter Mitzscherling; DDR-Wirtschaft: Eine Bestandsaufnahme, Fischer Bücherei / Deutsches Institut für Wirtschaftsforschung

Philosophisches Wörterbuch, VEB Bibliographisches Institut Leipzig 1975

Achim Reichardt; Nie Vergessen: Solidarität üben, Die Solidaritätsbewegung in der DDR, Edition Zeitgeschichte, Kai Homilius Verlag 2006

Dietrich Striebel, Wulf-Heinrich Hahlbeck; Hiev up – So war die Hochseefischerei der DDR, Koehlers Verlagsgesellschaft mbH Hamburg

Markus Wolf; Spionagechef im geheimen Krieg, Böhlau Verlag

Christian Zentner; Die DDR – Eine Chronik deutscher Geschichte, Otus Verlag AG St. Gallen 2017

Videodokumentationen

Mediathek : ZDF Info History / NDR / Kontraste /Phoenix / ARD / MDR

- Doku – Achtung Volkspolizei, https://www.youtube.com/watch?v=PdDSM5ADIUE vom 15.03 2017

- Doku – DDR / Mahlzeit 1,2,3,4, https://www.fernsehserien.de/mahlzeit-ddr/episodenguide/0/24561 von 2003

- Doku – Ostprodukte im Westregal, https://www.mdr.de/tv/programm/sendung808972.html von 09.10.2018

- Doku – Pentacon, https://www.mdr.de/zeitreise-regio/staedte/dresden/zeitreise-dresden-pentacon-praktica100.html

- Doku – Die Wartburgstory, https://www.mdr.de/tv/programm/sendung-426008.html vom 14.05.2019

- Doku – Die Geschichte der Treuhand, https://www.mdr.de/zeitreise/goldrausch118.html von 10.07.2018

- Doku – Die DDR/Plünderung im Namen der Einheit, https://www.youtube.com/watch?v=lk2FcP3qPAw von 21.12.2016

- Doku – So reiste das Politbüro, https://programm.ard.de/TV/Programm/Sender/?sendung=2872111277555797 von 01.01.2014

- Doku – Honeckers geheime Kriege, https://programm.ard.de/TV/tagesschau24/honeckers-geheime-kriege/eid_28721464038748 von 27.01.2018

- Doku – Die Honeckers/Geschichte einer Familie: https://www.zdf.de/dokumentation/zdf-history/die-honeckers—-die-private-geschichte-104.html, 15.01.2017

- Doku – Geheime Orte/Mukran, https://www.daserste.de/information/reportage-dokumentation/geheimnisvolle-orte/sendung/geheimnisvolle-orte-folge-1-118.html vom 14.05.2018

- Doku – Die 7 Irrtümer der Deutschen Einheit, https://programm.ard.de/TV/phoenix/zdf-history/eid_287256039523121 vom 25.09.2010

- Doku – Geheimakte Deutsche Einheit https://www.zdf.de/dokumentation/zdf-history/geheimakte-deutsche-einheit-100.html vom 10.02.2019

- Doku – Die wahre Geschichte des Marshall-Plans, https://www.ndr.de/fernsehen/Die-wahre-Geschichte-des-Marshall-Plans,sendung871996.html vom 16.02.2019

- Doku – Berlin/Schicksalsjahre einer Stadt, https://www.rbb-online.de/berlin-schicksalsjahre/schicksalsjahre-1970-79/das-jahr-1974.html vom 11.05.2019

- Doku – Geheimakte Mauerbau, https://programm.ard.de/TV/Themenschwerpunkte/Musik-und-Kultur/Alle-Kultursendungen/Startseite/?sendung=2872510891455153 vom 08.11.2013

- Doku – Doswidanja Deutschland, https://programm.ard.de/TV/Themenschwerpunkte/Dokus—Reportagen/Alle-Dokumentationen/Startseite/?sendung=2872513166423486 vom 08.11.2014

- Doku – AMIGA – Der Sound der DDR, https://www.mdr.de/tv/programm/sendung818984.html vom 30.12.2018

- Doku –Malimo, https://www.mdr.de/zeitreise/stoebern/damals/artikel54154.html von 25.03.2009

Internet

- Informationen zu Markus Wolf / Dritte Ehe ab 1986 https://www.spiegel.de/spiegel/print/d-13681257.html vom 10.05.1993

- ARD – Interview Erich Honecker 1991 in Moskau https://www.youtube.com/watch?v=G7a9ctg-lCI vom 25.01.2018

- Kaminer: Wir fanden Rust unglaublich cool, 24.05.2017 https://www.n-tv.de/leute/Kaminer-Wir-fanden-Rust-unglaublich-cool-article19857954.html